아버지,
　나의 아버지

아버지, 나의 아버지

오희숙 지음

1인1서

* 우리는 무엇을 기억하고,

어떻게 사랑을 물려주는가. *

밀밭

목차

여는글 8

1부

※ **하나, 내 고향은 만주** 12
잃어버린 땅 만주 · 그 골목 아이들과 다른 나 · 골목의 평화는 깨어지고 · 고국에 돌아왔다

※ **둘, 아버지와 나** 29
아버지와 도쿄 · 아버지의 만주 시절 · 아버지와 나 · 건희가 떠나던 날 · 대구로 이사가다

※ **셋, 우리는 대전으로 간다** 47
대전의 첫날 · 대흥초등학교에 입학하다 · 산기슭에 집이 있는 아이들 · 아버지와 윤석중 동요집 『초생달』 · 일본 뇌염 대확산 · 엄마 몹시 앓았다 · 엄마가 네 번째 동생 익희를 낳았다

※ **넷, 우리는 부산으로 간다** 61
봉택이네가 보이지 않는다 · 부산에서의 첫날 밤이 깊어 · 부산사범초등학교에 전학하다 · 부산사범초등학교 학생 시절

✱ **다섯, 육이오 전쟁** 69

평화가 찾아오고 있다 · 두 쪽 갈라진 북쪽 공산당이 남쪽을 쳐내려왔다 · 피난민들이 내려왔다 · 아버지와 육이오 후유증 · 꿈처럼 나타난 아버지 · 엄마가 위경련 앓다 · 결핵병을 앓는 작은아버지

✱ **여섯, 비행접시와 아이들** 81

비행접시 · 괴산 · 괴산에서 온 산골 소녀

2부

✱ **하나, 부산 정착** 94

엄마의 닭장 · 나와 짐승고기

✱ **둘, 빨갱이와 아버지** 100

빨갱이 · 아버지와 김 기사 · 피난 온 아이들 · 식구가 늘었다(종희 태어나다) · 옆집에 피난 온 사람들

✱ **셋, 4·19 혁명과 학생들** 110

학생회장의 호소 · 나의 외할아버지와 부정선거 · 외할아버지와 나 · 멋쟁이 나의 외삼촌 · 4·19의 여파

※ **넷, 나와 아버지** 120

　　나와 아버지 · 부산시청 배 시장과 아버지 · 아버지 국장 자리를 내
　　어놓다 · 아버지 설계사무소 열다

3부

※ **하나, 엄마의 건강** 130

　　엄마의 건강 이상 · 장례식 마치고…

※ **둘, 아버지 미국행 결심하시다** 139

　　엄마 생각 · 아버지 미국행 결심하다 · 아버지와의 이별

※ **셋, 오빠가 다정하게 들려주는 아버지의 미국 생활** 146

　　아버지의 즐거운 미국 생활 · 자신의 묘지를 답사하러 한국에 돌아
　　오신 아버지 · 아버지 다시 고국을 떠나다 · 오빠에게서 온 아버지
　　소식 · 아버지의 외로운 죽음

　　맺음말: 별빛 되어 나를 지키시는 아버지께 드리는 편지 163

여는 글

아버지와 만나 긴 세월 함께한다.
    이제는 볼 수 없는 아버지께 더 이상 다가가지 못한다는 아쉬움에 안타까워한다.

    "숙아, 네가 옳다.
    네 생각대로 살아라."

    살아가노라면 어쩔 수 없이 만나는 어려운 일들. 아버지가 누누이 들려주신 말씀 기억하며 내 생각이 옳기를 바라고 살았다. 실은 아버지 그 말씀이 당신 스스로에게 들려주고 싶었던 말이 아니었을는지.
    아버지는 늘 옳아 보였고, 소신껏 삶을 엮어가셨음을 느끼며 살아왔다.

나를 위해 각별한 사랑과 심려를 아끼지 않으셨던 아버지가 그리워 나는 하늘을 올려다본다. 구름이, 바람이 흘러가는 하늘엔 아버지 모습이 함께 흐른다. 나는 아버지의 일생이 소중하여 목이 멘다.

부족한 딸의 보잘것없는 글로 남기기엔 아버지 삶이 너무 귀하고, 아버지께 죄송스럽다.

누구도 흉내 낼 수 없는 '노가다' 삶. 곡괭이 하나로 진실을 파헤치시던, 스스로 노가다임을 자인하며 사신 아버지. 그 어느 곳에도 남아있지 않은 아버지 이름 석 자 감히 이 글에 남긴다.

해주 오씨 '오상현'.

"상현아, 네가 옳다.
네 생각대로 살아라."

일생을 통해 가슴에 새기셨을 말씀도 함께 남긴다.

1부

하나,

내 고향은
만주

잃어버린 땅 만주

중국 만주 목단강의 작은 마을, 이따금 아이들 맑고 즐거운 웃음소리 퍼지는 파아란 하늘과 흐르는 흰 구름이 내려다보는 골목 끄트머리 나가야(ながや, 일본식 목조 연립주택) 조그만 집에서 나는 태어났다.

1939년 6월 16일 엄마 23살, 아버지 29살 되던 해다. 아버지 품에 안겨 내가 눈을 떴을 때, 그 깊고 맑은 눈을 마주한 아버진 무척 기뻤단다. 내 이름 짓는 데 사투를 보내고 즐거울 희(嬉) 맑을 숙(淑), 희숙이라 지었다. 아버진 숙아, 슈꾸짱 내 이름 불러 주었다. 마을 아이들도 슈꾸짱 어디 가니, 슈꾸짱 뭐하니 정답게 불러 주었다.

1945년 아버지, 엄마, 오빠의 고향으로 돌아오던 해방의 해 8월, 난 7살이었다. 아버진 무사시공업대학(당시 무사시고등공과학교) 토목건축 전공 기술고시(일본어로는 정확하지 않다)에 합격한 수재였다. 당시 만주 땅 개척에 힘을 다하던 일본 정부는 거기로 아버지를 보냈다. 만주 개척에 필요한 인물로 지목되었던 모양이다.

만주에서의 우리 삶은 만족스럽진 않았다. 우리 집은 마을 끝, 나가야 왼쪽 거센 칼바람이 불면 모래 자갈 날아와 쌓이던 곳이었다. 옆집은 미혼 청년들 합숙소여서 엄마는 몹시 싫어했다.

웃음을 잃은 아버지, 마을 오쿠상(おくさん, 아줌마)들에게 뒤지지 않으려 힘을 다하던 엄마, 오빠와 나는 언제나 단정해야 했다. 조센징(조선인) 얕잡아 보는 모멸감에 지면 안 되었다. 엄마는 바빴다. 우리 옷을 손수 만들어 입히고 뜨개질로 따뜻한 겨울 보내도록 잠시도 쉬지 않았다. 오빠와 나는 마을에서 옷 잘 입고 예의 바른 아이로 오쿠상들이 좋아했다. 오쿠상들은 엄마에게 뜨개질을 배우러 왔다.

밖으로 내보낼 때 엄마는 새 옷을 입히고 깨끗이 씻어 예쁘게 해 주려 했다. 그러나 나는 엄마 마음에 들 만큼 예쁘지 못하여 엄마를 실망시켰다. 옷 태는 예쁜데… 가끔 엄마가 말했다. 엄마 친정에서 딸려 보낸 동육이 언니가 내가 예뻤으면 좋았을 걸 안타까워해 주었다. 한쪽 눈이 홀떡 까진 동육이 언닌 조금도 예쁘지 않다고 마음으로 생각만 했다.

세수하고 예쁜 옷 입고 현관을 나선다. 싸늘하게 불어오는 북녘 바람, 벽을 따라 돌아나가면 따뜻했다. 엄마가 손수 가꾸는 조그만 꽃밭. 난 쪼그리고 앉아 들여다보길 좋아했다. 꽃밭은 골목 끝까지 길게 이어져 있었다. 집집마다 정성스럽게 여름이면 아름다운 꽃을 피웠다. 아이들이 하나둘 골목길로 나선다. 슈꾸짱 우리 소꿉놀이 하자. 나는 예쁜 사금파리나 오빠가 준 알록달록한 구슬을 꺼내고 재미나게 논다. 남자아이들도 함께 엄마 아빠 된다. 돈을 벌러 간 사이 여자아이들은 밥 짓고 옷 만들고 바쁘다.

누군가 골목을 달리기 시작한다. 끝까지 달리면 먼 산 위 절에서 들려오는 종소리. 우린 모두 그 종소리가 좋았다. 평화스러운 종소리였다.

하나둘 아이들이 집으로 돌아가기 시작하면 예쁘게 간단복(원피스)의 엄마가 날 데리러 올 때까지 아이들과 열심히 놀았다. 우린 모두 짝이 있었다. 여자아이끼리 혹은 남자아이끼리, 남자와 여자아이 짝이 더 많았다. 큰아이가 내게 한 남자아이와 짝지어 주었다. 작고 왜인지 슬픈 얼굴의 그 아이와 난 참 좋은 짝이 되었다.

그 골목 아이들과 다른 나

어느 날 갑자기 아이들이 약속이나 한 듯 몰려가기 시작했다. 큰아이가 내 짝의 손을 끌고 함께 달려간다. 슬픈 얼굴로 나를 바라보며 끌려가던 내 짝의 더욱 슬퍼 보이던 눈빛, 나는 따라갈 수 없었다. 사금파리 밥을 짓고 엄마가 날 데리러 올 때까지 혼자 놀았다.

　엄마 조센징이 뭐야? 그런 소리 하지 마.

　엄마가 내 입을 막으며 화를 낸다. 오빠도 화냈다. 엄마가 읽는 책에 그려진 여자 보고, 이거 요센징(조센징 발음이 어려웠던 시절)이야? 오빠가 무서운 얼굴로 그런 소리 하지 마, 소리쳤다. 다시 하면 때려준다.

　아버지 요센징이 뭐야, 요센징 말하면 나빠? 말없이 아버진 나를 꼭 안아주었다. 따뜻한 아버지 품 안에서 그따위 말 잊고 편안하게 잠이 들었다. 그러나 나를 빼놓고 몰려가 버리던 아이들은 잊지 않았다. 만주 목단강 어느 일본인 마을 아이들, 나는 그 아이들과 무언가 달랐다. 아이들과 어울리기 힘들었다. 나는 외따로 떨어져 골목을 서성였다. 슬픈 내 짝은 여전히 좋은 짝이 되어 나와 놀아준다.

오빠는 골목 안에서 놀기 싫어하여 밖 어디든지 나가 논다. 씨름 구경도 하고 재미있는 볼거리 많다고 자랑한다. 종일 쏘다니다 흙투성이가 되어 돌아온다. 엄마는 오빠를 '험철이'라고 불렀다. 나는 그 말이 듣기 좋았다. 오빠는 험철이다.

어느 날 궁금증이 발동하여 내 짝과 나는 오빠를 따라나섰다. 거침없이 골목을 빠져나가 오빠는 어디론가 간다. 오빠 어디 가. 호기심은 존경심을 끓어오르게 한다. 사람들이 모여 있었다. 오빠는 사람들 사이를 비집고 앞으로 나아간다. 나와 내 짝도 손을 잡고 따라간 그곳엔 크고 무서워 보이는 셰퍼드 한 마리가 누군가의 말에 따라 앉기도 하고 서기도 한다. 사람들은 모두 신기한 듯 구경하고 어떤 사람은 손뼉을 치기도 한다. 오빠가 밀크 캐러멜을 들고 줄까 말까 셰퍼드를 향해 손을 내밀곤 한다. 갑자기 사람들이 소리 지르며 흩어지고 셰퍼드는 뒤돌아 달아나는 오빠에게 달려와 엉덩이를 물었다.

"영차, 영차"

아수라장이 되어버린 셰퍼드 훈련장을 뒤로하고 오빠는 달리기 시작했다. 놀라서 으앙! 울어버린 내 손을 잡고 내 짝이 달려간다.

"영차, 영차"

"영차, 영차"

오빠는 막 달렸다. 짝에게 손을 잡힌 채 나도 짝과 함께 뛰었다. 마을 골목 입구에서 우리는 소식을 듣고 마차를 불러 세워놓은 우리 집을 보았다. 새파랗게 질린 얼굴로 엄마가 오빠를 마차에 태우고 떠나고, 동육 언니 품에 안겨서야 나는 겨우 울음을 그치고 잠에 빠져들었다. 잠 속에서 나는 집채만 한 셰퍼드에게 쫓겨 달리고 달렸다.

"영차, 영차"

"숙아, 숙아"

어렴풋이 들려오는 아버지의 나를 부르는 소리에 눈을 떴다. 아버지 무릎은 모든 두려움을 잠재우듯 안

락했다.

"숙아, 자면서 왜 그리 흐느껴 우느냐."

"놀랐나 봐요. 게이찌(계희, 오빠 일본식 이름)보다 슈꾸짱이 더 걱정되네요."

엄마가 말하고, 오빠가 날 들여다보고 있었다. 아, 나도 오빠와 함께 죽었구나. 순간 나는 아버지 품 안에서 아버지의 잉크 냄새를 맡고 정신을 차렸다. 다행히 훈련받은 셰퍼드는 무는 시늉만 했을 뿐 콱 물진 않아 옷을 뚫고 살짝 이빨 자국을 남겼다고 한다. 아버지는 오빠와 나의 마을 골목 밖 출입을 금지했다.

아이들이 모여 노는 골목길에 오빠 모습은 보이지 않았고, 내 짝과 난 오빠를 따라다니지 않았다. 날마다 오빠는 흙투성이가 되어 돌아왔다.

"이 험철아!"

엄마는 흙투성이 오빠 바지를 갈아입히며 야단쳤다. 나는 목구멍 속으로 엄마 따라 이 험철아 소리 지르는 게 참 재미있었다. 오빠는 마을 밖 씨름대회도 다녀오고 달리기대회에도 참석하고 온다. 오빠는 큰

키와 덩치를 으스대며 골목 안 아이들을 제압했다.

나와 짝은 골목을 다니며 사금파리 주워 모아 조용히 소꿉놀이하며 놀았다. 너는 아버지 나는 엄마, 모래 밥 짓고 꽃잎 반찬 차려놓고 우린 참 재미있게 놀았다. 인형 아기 업고 안고, 엄마가 나와 오빠 이름 부르며 찾을 때까지. 골목 안은 우리들의 따뜻한 놀이터였다.

저 아이 엄마는 왜 데리러 오지 않을까. 새엄마란다. 아아, 새엄마. 슬퍼 보이던 아이 엄마가 새엄마구나. 새엄마가 뭐야? 엄마는 입을 다물었다.

오빠가 놀이에 취해 새빨갛게 상기된 얼굴로 달려들어온다. 아, 이 흙냄새. 동육 언니가 달려들어 오빠의 바지를 벗기고 씻긴다. 엄마가 이 험철아 소리 지르며 눈살을 찌푸린다. 나도 엄마 따라 이 험철아 목구멍 안에서 소리친다. 엄마가 들려준 밀크 캐러멜을 움켜쥐고 내가 골목으로 달려 나올 때까지 슬픈 내 짝은 놀던 그 자리에 쓸쓸히 앉아 있다. 얼른 캐러멜을 손에 쥐여주면 서슴없이 먹어버리던 그 아이. 우린 손을 잡고 골목 끝까지 달려간다. 멀리 산속 절에서 들려오던 고운 종소리 듣기를 우린 좋아했다. 돌아오며 아이들 노는 모습 구경한다. 구슬치기, 줄놀이하기, 소꿉놀이, 그리고 또 놀이들 재미있게 구경한다.

엄마 뜰의 꽃들이 시들고 풀들이 생기를 잃어간다. 아줌마네 정원에도 꽃들이 다 지고 북쪽에서 찬 바람이 불기 시작한다. 엄마가 만들어준 어깨까지 내려오는 모자 쓰고 나가 논다. 모래바람 몹시 날리던 날엔 엄마는 눈을 완전히 덮는 특수안경도 씌워 주었다.

이따금 사다리로 집을 오르락거리며 물동이에 물을 갖다 붓던 골목 안 아줌마들은 밑에서 구경하는 아이들을 쳐다보지도 않는다. 엄마는 얼마나 열심히 일하던가. 나는 엄마가 참 보기 좋았다. 거센 모래바람이 불고 자갈들도 날아왔다. 예쁜 돌들을 열심히 주워 모았다. 주머니마다 모아두면 엄마가 다 갖다 버렸다. 골목 안을 뛰어놀던 아이들 발자취도 웃음소리도 사라지고 거센 바람 소리가 가득 메운다. 나는 내 슬픈 짝을 새까맣게 잊었다.

눈이 온다. 동육 언니가 나를 창가에 앉히고 밖을

내다본다. 고향 생각난다, 한다. 눈은 사각사각 함뿍함뿍 펄펄 소리 내며 나린다. 페치카의 열기가 집안을 메우는데 문틈으로 새어드는 찬기를 이기지 못한다. 문 닫자 춥다, 엄마는 뜨개질에서 눈을 떼지 않는다. 뜨고 뜨는 손이 속도를 줄이지 않고, 저녁에 젠자이(ぜんざい, 단팥죽) 해 먹자, 우린 만세 부르며 좋아했다.

아버진 젠자이를 참 즐겼다. 찬바람 몰고 돌아온 날이면 엄마는 우리를 위해 젠자이를 끓여주었다. 페치카 데우는 부엌 난로에 올렸다 꺼낸 찹쌀떡은 참 맛있었다.

눈이 어른 키만큼 쌓이던 겨울이면 아버진 오빠와 나를 눈 위에 올려주었다. 잠시만 놀아라. 하얀 눈밭 위 저 멀리 나무 꼭대기만 남아 우리를 반겼다.

"수상한 사람들이다!" 오빠가 소리 질렀다.

"어디!" "어디!"

몇몇 아이들이 저마다 주머니에서 사금파리를 꺼내어 저 멀리 나무 꼭대기만 내어놓은 눈 위를 바라보았다.

"맞아, 도둑이다-!"

오빠가 사금파리 망원경을 내 눈에 대어주었다. 보고 또 보아도 먼눈 위엔 나무 꼭대기 가지만 보일 뿐 아무도 없었다.

아버지에 이끌려 집으로 돌아와 젖은 옷을 갈아입으며 오빠가 페치카 가까이 가자 엄마가 기겁을 한다. 오빠는 목욕하다 나오며 페치카에 배를 덴 적이 많다. 혐철이 오빠와 난 집안에서 조용히 겨울을 났다. 오빠는 엄마의 치수 재는 막대로 전쟁놀이에 여념이 없고, 나는 엄마가 시집올 때 수놓아 만든 예쁜 골무를 열 손가락에 끼고 즐겁게 놀았다.

엄마는 밤이 깊도록 뜨개질하고 라디오에서 들려오는 일기예보에 귀 기울이며 신문을 유심히 보고 책을 읽었다. 물 끓여 유담포(ゆたんぽ, 보온 물주머니)에 부어 수건으로 싸서 누워있는 오빠와 나의 발밑에 넣어주었다. 따뜻한 기온에 우린 편안히 잠들었다.

그렇게 봄여름이 지나 오빠의 셰퍼드 사건 이후 골목 안은 어쩐지 어수선해졌다. 오빠와 나도 집밖에 마음대로 드나들지 못했다. 아버지도 집에 머무는 시간이 많아졌다. 그렇게 하며 내가 태어나 일곱 살까지 살았던 내 고향은 저 멀리 피어오르던 무지개로 가슴에 남고 내 곁에서 조용히 떠나가고 있었다.

골목의 평화는 깨어지고

골목의 아이들 발걸음 소리가 멎었다. 웃음소리도 들려오지 않는다. 엄마 아버지의 흥분한 이야기를 들으며 나도 흥분했다. 고향에 돌아간다. 로스케(ろすけ, 전후 혼란기에 러시아인을 속되게 부르던 말)들이 어떻게 나올지 모른다. 기찻길 끊어지기 전에 서둘러야겠다. 모두 버리고 떠나자. 엄마는 쌀과 콩을 볶아 륙색에 담아주며 가다가 먹자 한다.

아버지 엄마는 나 몰래 이야길 나누었다. 해방, 남으로 가는 기차, 고향에 돌아간다, 골목길 일본인들은 모두 모여 어디론가 떠난 모양, 우리도 서둘러야 한다. 엄마는 내가 제일 좋아하는 흰색 바탕에 빨간 땡땡이무늬 있는 원피스를 입혀주고 엄마가 만든 하얀 모자를 씌워 준다. 최상의 나들이임을 직감했다. 모래

먼지 날던 날 쓰던 안경도 륙색에 넣어주었다.

"그냥 다 두고 간다."

나는 아버지가 경성(서울) 출장길에 사다 준 대사게(てさげ, 손가방)를 갖고 가고 싶었다. 예쁜 사금파리, 엄마의 골무, 오빠에게 얻은 구슬. 나는 대사게에 넣어 둔 채 연둣빛 대사게를 그냥 두고 떠났다. 기쁨과 두려움이 함께 감돌던 묘한 집안 분위기. 동육 언니도 오빠도 말을 잃었다.

아버진 우리를 먼저 떠나간 두 동생이 묻혀있는 무덤으로 데리고 갔다. 언제나 굳게 잠겨 기동이 불편한 문지기가 힘겹게 열어주던 무덤 문은 훤히 열려 있었다. 아버지가 무덤 앞에서 이별의 인사를 나누게 했다. 엄마가 흐느껴 울었다.

우린 역으로 갔다. 사람들이 웅성거리며 모여 있었다. 기차를 탔다. 좀처럼 움직이지 않을 것 같던 기차가 아주 느리게 움직이기 시작했다. 안도의 한숨을 깊게 내뿜던 아버지. 남으로 가는 기차. 동육 언니가 "집에 간다"라며 좋아했다.

느리게 움직이던 기차가 서면 아버지는 잽싸게 뛰

어내려 먹을거리를 사 왔다. 밥, 오이, 복숭아, 닥치는 대로 사 왔고 물통에 물도 담아왔다. 참 맛있었다. 어디가 아픈지 전혀 먹지 못하는 엄마가 걱정스러웠다. 여느 때처럼 기차가 멎자 뛰어내린 아버지가 기차가 움직이는데도 돌아오지 않는다. 사색이 되어버린 엄마. 우린 부둥켜안고 소리 내어 울었다. 천천히 움직여주던 덕에 기차 맨 뒤 칸에 겨우 올랐다며 아버진 가슴 가득 먹을거리를 안고 돌아왔다. 엄마는 기뻐 울었고 나는 큰 소리로 아버질 부르며 울었다.

고국에 돌아왔다

몇 날이 걸렸는지 큰 다리를 건너 기차는 우리를 내려주었다. 풀들이 무성하게 자란 언덕 조그만 집 문 앞에 붉은 완장 찬 청년들이 우리를 막았다. 아버진 그들과 큰소리로 싸운다. 청년들은 막무가내다.

뭣도 모르는 오빠와 나는 언덕 밑 잔디 위에 모여 앉은 헤이따이상(兵隊さん, 군인 아저씨)을 발견하고 기

뼈 달려갔다. 일본 아이들인 줄 알고 기쁘게 맞이하며 주먹밥을 하나씩 들려준다. 좋아서 엄마에게 달려왔다. 남이 준 먹을 것 못 먹게 하던 엄마가 어여 먹어, 한다. 정말 맛나던 주먹밥. 지금도 난 소금 뿌린 주먹밥이 먹고 싶어 혼자 만들어 먹는다.

우여곡절 끝에 국경을 넘는 허락을 받고 아버지가 겨우 찾아간 기차역(아마 신의주). 남으로 가는 마지막 기차라고 사람들이 웅성거렸다. 많은 사람이 들어찬 열차 안은 비집고 들어가 앉을 자리도 없었다. 엄마와 나는 복도 끝 빈 바닥에 종이를 깔고 앉았다. 기차가 설 때마다 사람들이 밀려들었다.

우리가 도착한 곳은 대구역, 큰이모가 살고 있는 곳이다. 깨끗이 정리된 마당에 빤짝빤짝 윤나게 닦아 놓은 자전거가 서 있다. 마당에 들어서자 맨발로 달려나온 이모를 붙잡고 울었다. 며칠 지나지 않아 삼팔선 가로막힌다는 소문이다, 잘 왔구나, 이모가 말했다.

아버지가 큰 열을 내고 앓기 시작했다. 의사가 다녀가고 주사를 맞아도 차도가 없다. 아버진 어린아이처럼 소리 내어 앓았다. 엄마 손을 잡고 끙끙 앓는다.

오랜 열병 끝에 반쪽이 되어 병을 이겨낸 아버지 얼굴에 깊은 안도의 미소가 떠오른다.

둘,

아버지와 나

아버지와 도쿄

아버지는 1910년 노름으로 가산을 탕진한 할아버지의 둘째 아들로 경상북도 의성 도동동에서 태어났다. 충직하고 자신에게 주어진 일에 최선을 다하는 아버진 부유한 친척분들이 신임하여 온 집안의 대들보라 칭송받는 소년으로 자랐다. 시키는 일에 몸을 사리지 않는 소년 오상현, 어려운 일은 모두 상현, 아버지 몫이었다.

아버지가 열세 살 나던 해, 온 집안을 발칵 뒤집어 놓은 큰일을 함께 겪는다. 작은할아버지 댁 큰아들이 집안의 돈을 몽땅 갖고 일본 도쿄로 도주한 것이다. 집안 어른들 상의 끝에 아버지가 사촌형 잡으러 일본으로 가게 된다. 돈 몇 푼 지니고 아버지는 열세 살 어린 나이에 낯선 땅 일본으로 내몰아쳐진 거다.

사촌형을 도쿄 으리으리 넓은 그곳 어디서 찾을지 막막했다. 엄두가 나지 않았던 아버지가 자신 한 몸 먹고 살길을 찾아 간 곳이 우유 배달 집이었단다. 탐탁하게 여기지 않았던 주인은 얼마간 관찰 끝에 아버지를 우유 창고 옆방에 재워주고 우유 배달, 신문 배달을 허락했다. 힘을 다하여 일하며 틈틈이 형을 찾아다니기도 했다. 아버지의 충실함에 사장은 야간 중학교에 다니도록 허락했다.

우유 배달, 신문 배달, 학업에 전념하며 아버진 열심히 살았다. 그 시절 어려움을 아무에게도 말한 적 없다고 엄마는 말한다.

"아버지 걸어 다니실 때 오른쪽 어깨 살짝 처진 것 보이지. 아직 굳지 않은 뼈가 자라지 못했기 때문이란다." 아버지 뒤따르며 걸을 때 걸음걸이가 많이 힘들어 보인다 생각했다. 모든 일에 소리 없이 열성을 다하던 아버지는 좋은 성적으로 졸업하여 무사시고등공과학교 토목건축학과에 입학했다.

그동안 사촌형님은 흔적 없이 그림자도 보이지 않았다. 점점 아버지 마음에서도, 의성 고향 어른들 마음에서도 사촌형님의 존재는 사라지고 있었다. 어느 날 작은할아버지에게서 비장한 각오의 소식이 전해졌다.

"이젠 그만 찾기로 하자. 죽은 걸로 하자. 대신 네

가 성공하여 고향으로 돌아오너라."

아버지는 오히려 사촌형이 더욱 그리워지더라고 했다. 죽었을지도 모르지만, 왜놈들에게 끌려가 고생하고 있을지도 모른다 생각하니 더욱 형을 찾기 위한 마음이 간절해지더란다. 그러나 아버지의 노력에도 사촌형은 해방이 되고 모든 잃었던 사람 다 돌아와도 감감무소식이었다.

드디어 아버지는 대학을 졸업하고 기사 시험에 합격한 기사가 되었다. 고국으로 돌아와 아버지는 집안뿐 아니라 안동, 의성에서도 알아주는 유명인이 되었다. 지나다 마주친 순경들도 정중히 경례를 붙였다 한다. 아버지 이야긴 이웃 안동 외할아버지 귀에 전해졌다. 큰이모를 안동 김씨 세도가 부잣집 막내아들에게 시집보내 실망이 컸던 외할아버지는 째지게 가난한 아버지에게 엄마를 시집보내려고 청혼을 했다. 도쿄 유학생 멋쟁이로 기대한 엄마는 아버지를 만나고 실망이 컸다. 별로 크지 않은 키, 후줄근한 옷매무새. 이모부의 완벽한 멋쟁이 모습과는 완연 정반대인 아버지였다. 엄마는 가끔 생각나면 이야기한다. 밤새 요

밑에 깔아 다린 듯 날이 선 바지를 내가 기생오라비냐, 발로 지근지근 밟아 아버지는 입더라는 것이다. 살아가며 그런 아버지가 엄마 마음을 기쁘게 했다.

아버지의 만주 시절

오빠 게이찌(계희)를 낳고 황홀한 신혼의 꿈에 젖어 있을 무렵, 일본 정부는 아버지를 만주 지방으로 발령 내린다. 만주 개발을 위해 토목건축 기사인 아버지가 적격이었다.

어떠한 환경 여건이든 아버지는 자기 일에 충실하다. 웃음기 잃은 얼굴로 라디오에 귀 기울이고 신문을 샅샅이 훑어보는 말수 적은 아버지는 우리에게도 눈으로 말한다. 퇴근 후 생활을 거의 책 읽는 것으로 보내던 아버지가 추운 겨울이 오면 바빠진다. 물을 끓이고 식구마다의 유담포에 뜨거운 물 부어 수건으로 겹겹이 싸서 이불 속 발치에 놓아주었다. 우리 몸은 점점 훈훈해져서 편안히 잠이 들었다.

엄마는 아버지의 싸움이 잦다고 걱정했다. 오빠의 싸움질은 호되게 나무라며 아버지는 왜 그리 싸움이 잦은가. 온몸에 잉크를 뒤집어쓰고 돌아오던 아버지, 온 얼굴에 주판으로 맞은 자국투성이던 아버지. "그놈들 당신이 어떻게 이겨요. 제멋대로 하게 내버려 둬요." 엄마가 때로 울며 아버지를 말렸다.

나는 슬펐다. 아버지 주위에, 그리고 우리 집안에 감도는 불길한 징조를 느끼고 두려워했다.

오빠가 초등학교에 입학하던 해, 아버지는 몹시 화난 무서운 얼굴로 경성 출장을 서둘러 떠났다. 오빠가 조센징 아들이라 입학을 허용할 수 없다고 교장선생이 아버지에게 말했다며 엄마가 화난 얼굴로 말했다. 교장선생을 욕했다. 아버지 경성 출장 성공을 엄마는 빌고 또 빌었다.

아버지 출장길은 꽤 길었다. 돌아오던 날, 나는 처음으로 아버지 얼굴에서 웃음을 보았다. 양손에 들고 온 선물을 나누어 주며 소리 내어 웃었다. 오빠는 검정 가죽가방, 난 빨간 가죽가방. 오빠와 나는 가방을 메고 골목을 돌았다. 아이들이 몰려 따라왔다.

오빠의 초등학교 입학 허가를 기어이 아버지는 받아 쥐었다. 오랜만에 찾아온 집안의 평화. 나는 정말 다행이라 생각했다. 오빠에게 학용품 선물을 주고, 아버진 가방보다 더 예쁜 연두색 무늬 고운 대사게를 나에게 주었다. 기뻐 날뛰며 내가 지닌 보물들 모두 집어넣고 나는 자랑스럽게 골목을 누볐다. 내 짝이 나보다 더 즐겁게 웃으며 함께 돌았다.

"참 예쁘다. 참 좋다."

내 짝은 연신 내 대사게를 좋아한다. 그러나 내 빨간 가방도, 보물 담은 대사게도 무지개처럼 그리움과 함께 가슴 깊이 남아 어린 시절의 꿈으로 모두 잃었다.

오빠가 엄마 아버지 손을 잡고 학교에 간다. 나는 빨간 가방을 메고 골목 끝까지 따라갔다. 엄마는 눈시울을 적시고 아버진 기쁨의 웃음을 흘린다. 골목 안 몇몇 아이들이 학교에 같이 간다. 교장선생 딸도 입학했다는 입소문이 났다. 학교는 마을 밖에 있는 듯했다. 오빠가 신이 나서 학교에서 돌아온다.

"오빠, 교장 선생님 딸 예뻐?"

"응--"

"나보다?"

"응."

오빠가 무심히 대답한다. 난 내가 예쁘지 않은 걸 알고 있었다. 히데노리, 죽은 내 남자 동생에 이어 갓난 어린 내 여동생이 우리 곁을 떠났을 때이다. 크고 까만 눈으로 식구들을 기쁘게 하던 아가가 떠나고 엄마는 몸져누웠다. 문상 온 마을 아줌마에게 엄마가 말했다.

"아직도 눈에 선하네요. 너무 예뻤지요. 큰아이에 비하면…."

엄마가 흐느껴 울었다. 일본 아줌마가 엄마를 말렸다. 이 애가 들어요. 아줌마들이 돌아간 후 나는 현관 밖 모래 자갈 쌓인 위에 가 앉았다. 예쁜 자갈이 굴러다녔다. 얼마나 지났는지 퇴근하던 아버지가 뛸 듯이 놀라 나를 담요에 똘똘 감아 품에 안고 페치카 앞에 앉았다.

"그만 털고 일어나요. 이 아이마저 떠나보낼 생각

이야?"

 집안엔 침묵이 흘렀다. 아무도 내가 칼바람 몰아치는 그 모래언덕에 왜 앉아 있었는지 모른다.

 난 여전히 못난이였다. 한쪽 눈이 이상하게 생긴 동육 언니도 자신이 나보다 예쁘다고 으스대던 걸 알고 있었다.

아버지와 나

해방 후 초등학교에 들어갈 무렵 난 우리 집을 드나드는 사람들에게 자랑스럽게 말했다.

 "우리 집에서 나 제일 못났어요."

 "아니다, 아니다, 너 참 예쁘다."

 난 웃었다. 보는 사람마다 오빠가 잘생겼다고 말한다. 나보곤 성숙하다나ㅡ. 엄마는 나를 위해 예쁜 옷 만들어 입히기에 애쓴다. 솜씨가 좋았던 엄마는 아버지 넥타이로 내 옷에 맞는 리본을 만들어 입혔다. 아이들 옷이며 마땅한 옷감도 없던 시절이었다. 추석 설

빔을 위하여 나를 데리고 시장을 누비며 내 몸에 맞도록 애썼다. 그러나 난 여전히 못난이….

어느 날 내가 주문처럼 외우던 못난이는 아버지에게 전해져 아버진 대로(大怒)했다.

"어떻게 아일 키웠기에 만나는 사람에게 그런 말을 하게 만들어!"

문간방에 살던 봉택이 엄마가 놀라 달려왔다. 아버지는 꽤 오랫동안 소리쳤고, 봉택이 엄마가 괜한 소리 해가지고 일 만들었다고 나를 나무랐다. 아무렇지도 않은데, 못난이면 어때서, 나는 마음으로 생각한다.

아버진 나를 데리고 나와 저녁도 사주고 신고 싶던 하이얀 양말도 사주며 말했다.

"숙아, 넌 아버지 보배다."

"보배."

내가 웃으며 아버질 바라보자, 아버지 눈이 흔들리며 웃었다.

건희가 떠나던 날

"숙제 다 했니?"

책상 앞에서 공부하던 오빠가 묻는다.

"응."

아버지가 방에 들어와 목멘 소리로 낮게 말했다.

"아직도 너흰 둘뿐이냐."

세 번째 동생 건희를 잃은 후 내가 열 살이 될 때까지 우린 둘만 자랐다.

건희는 엄마가 만주에서 배 슬려 고국에 돌아와 낳은 내 남자 동생이다. 속눈썹이 길던 아이, 누나를 올려다볼 때 속눈썹이 길게 눈 위로 치솟아 올라 인형처럼 예쁘던 아이, 속눈썹이 예뻐 그렇게 빨리 우리 곁을 떠났나….

열을 내고 앓던 아이가 일어나질 않았다. 눈도 뜨지 않았다. 의사가 뇌막염이라고 한다. 히데노리는 백일해로, 여자 동생은 지프테리(디프테리아)로 우리 곁에서 사라져갔고, 건희는 뇌막염이라니, 아버지는 직장에 사표를 냈다. 아이를 살리겠다는 일념으로 유명한 의사는 다 불러들이고 좋은 약은 다 썼다. 대구에서 이름난 권 내과 의사, 권오성 외삼촌도 집에 내려왔다.

"이 아이 살려라."

아버지의 명령에도 외삼촌은 고개를 저으며 돌아갔다. 아버지는 나무 등거리처럼 누운 아이를 일으켜 운동을 시키고, 목욕시키고, 의사 간호사가 쉴 새 없이 드나들며 아이를 살리려 애썼다. 엄마는 종일 아이 옆에서 맥을 놓고 앉아 있었고, 봉택이 엄마가 집안일을 대신했다.

학교에서 돌아오던 길 대문 앞에서 나의 발걸음이 멎어버렸다. 땅에 딱 붙어버린 나의 두 발. 가늘게 들려오던 엄마의 울음소리. 가방을 멘 채 발걸음을 돌렸다. 무작정 걸었다. 조금이라도 멀리 엄마의 울음소리에서 멀어져 가자. 동네를 지나 엄마와 자주 가던 중앙시장통을 걸어갔다. 설빔, 추석빔, 멋진 운동화. 엄마는 내게 좋은 건 다 사주고 싶어 했다. 누군가가 나를 부른다.

"엄마는 어쩌고 혼자냐. 이리와 팥죽 먹으렴."

"……"

팥죽 아줌마였다. 엄마는 시장에 오면 즐겨 팥죽을 사 먹었다.

"애는 단팥죽 좋아하니 설탕 듬뿍 넣어주세요."

엄마는 이 말을 잊지 않는다.

"옜다."

팥죽 아줌마는 팥죽을 한 그릇 떠서 설탕을 듬뿍 부어 내 앞에 밀어주며 쬐그만 나무 의자에 앉으라 한다. 배가 고팠다. 정신없이 먹는 나를 보고 아줌마가 물었다.

"무슨 일 있냐? 엄마는?"

나는 빈 그릇을 아줌마 앞에 밀어놓고 말없이 자리를 떴다. 시장통을 나와 시냇물 흐르는 냇가를 지나 언덕으로 올라갔다. 다리가 아팠다. 어느새 풀이 무성하게 자라 푹신푹신했다. 저물어가는 저녁 햇살이 나를 슬프게 했다. 하염없이 앉아 있는 내 작은 어깨에 누군가 조심스럽게 손을 얹는다. 화들짝 놀라 정신 번쩍 났다.

"여기 있었구나."

대구 살고 있는 둘째 키다리 외삼촌이다.

"계희가 시장 아니면 강언덕에 있을 거라더니, 어서 가자. 아버지 걱정 이만저만 아니다."

외삼촌은 나의 등 가방을 벗겨 들고 나를 일으켜 세운다. 아버지와 엄마, 건희의 죽음, 실감하니 나는 어지러웠다.

집 안은 이미 깨끗이 정리되어 있었다. 아버지는 온 문을 열어젖히고 마무리 청소 중이다. 나무둥치가 된 건희의 모습은 어디에도 없었다. 엄마는 외삼촌과 함께 온 이모할머니와 평상에 누워있었다. 사람 웃기기로 이름난 이모할머니가 반가웠다. 숙아, 잊어버리자, 아버지 말에 나는 대답 없이 방으로 갔다. 오빠가 책상 앞에서 공부하다가,

"숙제 없어?" 한다.

오빠는 나만 보면 숙제를 물어주는 버릇이 있다.

"있어, 오로라에 대한 글 써 오래."

나는 아름다운 오로라라고 쓰다 만 노트를 보여주었다. 오빠에게 노트를 건넨 나는 그대로 쓰러졌다. 다

음 날 아침, 잠에서 깬 내 귀에, 숙아, 잊어버리자던 아버지 음성이 생생하게 들려온다. 그렇게 건희는 아무 흔적도 남기지 않고 소리 없이 우리 곁을 떠나갔다.

대구로 이사가다

우린 대구로 간다. 외가댁 식구들이 맛있는 음식을 차려 축하 파티를 해 주었다. 나는 엄마 옆에 붙어 앉아 전도 먹고 새콤한 야채무침도 먹는다. 맛있었다. 쟨 입이 고급이군. 작은이모, 나보다 한 살 위인 이모가 어른처럼 내 머리를 치며 말한다. 엄마가 화를 내며 이모 머리를 더 세게 친다. 생콩이다. 나는 엄마한테 매달리며 마음으로 웃는다. 나를 안아주며 엄마 얼굴은 기쁨의 웃음으로 가득 차 있다. 대구도청으로 우리는 간다. 큰이모 집처럼 깨끗하리라.

우리 집은 넓은 마당에 꽃이 가득 피어있고, 뒷담 지나 넓은 들에 감나무들이 줄지어 자라고, 그 너머엔 냇물이 흐르고 있었다. 집 앞 신작로는 깨끗하여 오빠와 내가 신나게 달려가고 오곤 했다.

내가 좋아하는 큰 다다미방엔 도코노마(とこのま, 장식용 벽감)가 있고, 그 옆엔 커다란 청록빛 고운 난로가 놓여 있었다. 일인들이 쫓겨가며 놓고 간 물건들, 엄마는 다 치우면서도 난로는 남겼다. 도코노마에 엄마는 자주 꽃을 꽂고, 아버지는 그 앞에 앉아 신문 보고 책 보고 라디오를 듣는다. 나는 만주를 그리워하며 만주 집보다 훨씬 큰 대구집을 무척 좋아했다. 정원에 피어있던 잉크빛 꽃, 나는 그 꽃을 잉크 꽃이라고 불렀다. 그 이후 그 꽃을 어느 곳에서도 보지 못하고 정확한 이름도 모른다.

삼덕초등학교에 오빠와 난 들어갔다. 아이들이 깨끗하여 나는 기뻤다. 내가 더욱 기뻐한 곳은 신작로 양옆으로 심은 풀밭이다. 그 풀밭은 나중 벼 보리밭임을 알게 되었다.

"보리밭에 문둥이야 해 저물었다 나오너라~~~"

합창하듯 크게 부르짖으며 남자아이들이 달려간다.

"어마~~~"

여자아이들이 소리 지르며 달려간다. 나도 따라 달

려간다. 보리밭에 숨어있던 문둥이가 여자아이들 잡아간다는 소문은 주위에 널리 퍼져있었다. 보리밭 가까이 오면 난 도망갔다. 문둥인 병든 사람이고, 저녁엔 집에 돌아가고, 아무도 잡아가지 않는다, 아버진 말했지만 난 무서웠다.

"목욕할 때 천둥치면 오오카미(おおかみ, 늑대)가 와서 배꼽 떼 간다."

오빠의 말에 나는 배꼽을 꽉 잡고 목욕했다. 오오카미보다 더 무서운 문둥이다. 아버지는 혹여 불쌍한 거지들이 밥 얻으러 올지 모르니 밥 남겨두었다가 줘야 한다, 엄마에게 말했다. 엄마가 남은 밥그릇 들고 나가면 나는 이불속에 숨었다. 여자아이 잡아가는 문둥이다.

우리 집 앞엔 아버지 출퇴근시키는 찝차(지프차) 한 대가 늘 서 있었다. 가끔 쓰리쿼터도 서 있었다. 출장이 잦은, 현장을 둘러보기 위한 차다. 아이들이 모여 신기한 듯 차 구경했다.

어느 날 로스케들보다 더 무섭다는 사람들이 들이

닥쳤다. 그 차는 자기네들 차고 끌고 가겠다 한다. 그 차들은 대구도청 소속 차로 아버지에게 주어진 출퇴근 차임을 겨우 손짓발짓으로 설득한 후 맨발로 집안에 들어서려는 기색을 물리쳤다. 돌아간 뒤 아버지는 땀투성이가 되고 보이지 않던 엄마가 도코노마 옆문 뒤에서 나타났다. 로스케들은 여자들 잡아갔고, 이들도 젊은 여자들 잡아간다는 소문을 간간 듣는다. 문둥이, 오오카미, 로스케, 그리고 주한미군들 모두 두려운 존재였다.

아버지는 영어 공부를 시작했다.

"다 티스 어 부크."

중학교에서 영어를 배우며 "댓 이즈 어 북"임을 알고 재미있었다. "다 티스 어 부크." 아직도 귀에 쟁쟁이 들리는 아버지의 영어 공부 소리다.

아버지의 열성스러운 일 충성심, 온 힘을 기울여 일에 몰두한다. 쓰리쿼터에 삽과 곡괭이 넣고 떠나던 날은 며칠이고 집에 돌아오지 않았다. 일, 일. 아버진 대구 근방 길을 닦고, 다리를 세우고, 무너진 집 고치는 데 온 열의를 다했다.

셋,

우리는 대전으로 간다

대전의 첫날

대전으로 전근하게 되었다, 아버지가 말했다. 문둥이가 없는 곳이면 좋겠다. 조용한 소도시, 사람들이 착해서 살기 좋은 곳, 시내에서 좀 떨어진 곳에 유성 온천이 있다고 아버진 엄마 마음을 위로했다. 아이들 키우기에 좋겠다는 엄마.

짐을 모두 기차로 보내고 우리는 지프차로 가기로 한다. 포장되지 않은 울퉁불퉁 산길은 먼지가 풀풀 인다. 혹여 앞에 차라도 달리면 먼지를 뒤집어쓴다. 기사는 가다가 냇가가 보이면 차를 멈추고 쉬게 했다. 멀미에 시달리던 나를 이끌고 아버지는 냇가에 발을 담기고 쉬게 했다.

경상도에서 태어나 자란 아버지 엄마는 말투부터 다른 대전에서 아이들이 잘 적응해 자랄지 걱정했다. 우리가 살 집은 대구집과는 딴판인 구조의 집이었다. 아버지가 한옥이라 했다. 안채와 사랑채는 이어져 있고, 대문 가까이 문간방이 떨어져 있었다. 넓디넓은 마당 끝에 창고와 화장실이 있었다.

마당 가에 설치된 수돗물을 틀고 물바다를 만든 오빠가 수도를 손으로 튀겨 나는 물을 뒤집어썼다.

"문 따시유-"

"문 따시유-"

엄마 아버지 눈이 휘둥그레진다. 문을 따라고…. 온 식구가 대문으로 달려갔다. 여전히 문을 따라고 대문을 두드리며 소리친다. 엄마가 문을 열었다. 상기한 얼굴로, 이사 방금 와서 불편한 일 없나 도우러 왔단다. 엄마가 웃으며 문 따라는 뜻이 문 열라는 것을 몰라 미안하다 했다. 우린 모두 웃었다. 오빠가 엄마 방문을 두드리며 문 따시유 한다. 문 열렸시유, 들어오시유, 엄마가 말한다.

대흥초등학교에 입학하다

아버지를 따라 대흥초등학교에 갔다. 넓은 운동장 한 옆에 연못이 있어 나는 좋았다. 담임 선생님 따라 들어간 교실에 앉아 있는 아이들에 나는 놀랐다. 몇몇 아이가 검은 치마에 흰 저고리를 입고 있었다. 조선옷이다. 학교가 파하고 집으로 갈 때 치마저고리 친구들은 가방 대신 주머니에 책을 싸서 허리에 두르고 간다. 친구들은 나에게 아무런 관심도 두지 않는 듯했다. 어쨌든 학교 오가는 길에 보리밭이 보이지 않아 기뻤다. 문둥이는 그 어디에도 없었다.

아버지는 지프차 아니면 쓰리쿼터를 타고 출장이 잦다. 먼 곳에 간 날은 며칠씩 집을 비우곤 했다. 엄마가 무서워하여 문간방에 사람을 들였다. 어느 관공서에서 경비 역을 맡고 있는 봉택이 아버지와 엄마 그리고 봉택이와 우린 같이 살게 되었고 든든했다. 봉택이는 나만 보면 달아나 버렸고 나는 봉택이 얼굴조차 모르며 살았다. 키가 작고 몸매가 날씬한 봉택이 엄마는 몹시 바지런하여 허약한 엄마를 도와 집안일을 잘해주었다. 나는 화장실 청소를 잘해주는 봉택이 엄마가 참 좋았다. 엄마가 내어주는 내 옷을 깨끗이 손질하여 입혀주었다.

아버진 몹시 바빴다. 충청남도 시골 먼 곳까지 다녀야 한다고 엄마가 말했다. 어촌에도 다녀야 한단다.

때론 시골 사람들이 우리 집에 찾아왔다. 아버지에게 고마운 마음을 전한다며 조그만 주머니를 두고 갔다. 주로 농산물이나 해산물 말린 거였다. 나는 버섯을 처음 보았다. 어느 날 어촌에 산다는 남자가 꽤 큰 주머니를 마루 끝에 두고 갔다. 그는 어촌에서 왔다고 했다. 나는 처음으로 바다라는 말을 들었다. 그가 두고 간 주머니엔 내 주먹 반만 한 새우 말린 게 들어 있었다. 엄마가 깨끗이 닦아 먹어보란다. 참 맛있었다. 지금까지 그 새우 말린 것 같은 맛있는 새우 먹어본 적 없다.

오빠와 나의 학교생활은 아버지를 만족시켰다. 학교 수업이 재미있는 우리의 성적은 썩 좋았다. 아이들은 모두 순하고 나와 잘 놀아준다.

산기슭에 집이 있는 아이들

이따금 아이들은 치마저고리 아이를 따라간다. 나도 따라갔다. 학교 옆 산기슭에 자그마한 집이 있었다.

아이 엄마가 우리 먹으라고 내어놓은 과자는 전부 말린 음식이었다. 고구마 쪄 말린 것, 당근 쪄 말린 것, 감 말린 것. 내가 처음 보고 또 맛보는 맛있는 음식을 아이 엄마가 갖고 가라며 한 움큼 집어준다.

"엄마, 검정 치마 흰 저고리 입은 아이 집이 산이야. 산에서 학교 다녀."

엄마 얼굴에 근심스러운 표정이 어린다. 아버지가 빈부 격차가 심하다고 걱정했다. 무슨 말인지 알아듣지 못했지만, 꾹 닫은 입, 웃음기 가신 아버지의 얼굴엔 엄마가 늘 말해주던 나라를 근심하는 걱정이 어려 있다.

아버지와 윤석중 동요집 『초생달』

아버지가 땅 파고 만든 꽃밭에 파릇파릇 풀잎이 돋고, 나는 종일 쪼그리고 앉아 들여다보길 즐겼다. 민들레, 봉선화, 채송화꽃이 곱게 필 것이다. 기쁨에 잠겨있는 나를 아버지가 부른다. 아버지가 까만 가방에서 책 한

권을 꺼내 건네준다.

윤석중 동요집 『초생달』이다.

"퐁당퐁당 돌을 던지자. 누나 몰래 돌을 던지자."

내 곁을 떠나버린 동생들이 생각나 눈시울이 뜨거워진다.

"말아, 서서 자는 말아."

말이 서서 잔다. 다리 아프겠다. 강아진 누워 자던데. 소는, 돼지는, 토끼는, 상상의 나래 타고 잠을 잊었다. 숙아, 인제 그만 자거라, 아버지가 재촉한다. 머리맡에 『초생달』을 고이 모시고 잠이 들었다.

일본 뇌염 대확산

1949년, 육이오 전쟁 전해, 우리나라는 일본 뇌염으로 전 국민이 두려움에 떨었다. 학교는 휴교령이 내려졌다.

학교 가고 싶다. 친구들이 보고 싶었다. 라디오 어린이 프로그램에 우리 학교가 출연하게 되었다. 나는 책상 시계 역을 담당했다.

"아저씨, 아저씨, 어서 일어나세요."

늦잠에 빠진 주인아저씨를 깨우는 애절함을 호소하는 그 한마디를 위해 선생님 지시대로 외우고 또 외었다. 동네 사람들이 희숙이가 라디오에 나간다고 좋아들 한다. 엄마 아버지도 좋아했다.

뇌염 때문에 학교도 쉬고 라디오 출연도 연기되었다. 나는 서러웠다. 나와 같이 역을 맡아 함께 외우던 친구들, 고행대, 정정희, 선생님 몰래 노닥노닥거리며 끼득거리다 혼나던 때가 그립기까지 하다. 오랫동안 집에 갇혀 있었다.

오빠는 열심히 공부했다. 6학년, 내년에 있을 중학교 입학시험에 합격해야 한다. 나는 『초생달』을 펼치고 오빠 옆에 앉아 있었다.

엄마는 우리 식구들 모두가 좋아하는 젠자이와 오하기(おはぎ, 일본식 찹쌀떡)를 만들었다. 아버지가 쉬는 날 마루에 모여 젠자이를 먹었다. 위에 올려주는 모찌는 참 맛있었다.

엄마는 별 구미가 맞지 않는 봉택이 식구들을 위해

서 팥죽을 만들어 먹게 했다. 오하기는 내가 제일 좋아하는 간식거리, 찰밥을 뭉쳐 팥고물에 만 것과 깨를 묻힌 것이 있다. 오빠는 식성이 좋아 아무거나 가리지 않고 잘 먹었다.

엄마 몹시 앓았다

세 번째 동생 건희를 잃은 우리 집 분위기는 몹시 어두웠다. 엄마는 앓아누웠고 의사, 간호사가 치료에 힘썼다. 아무래도 무리가 됩니다, 포기하시지요. 의사가 아버지에게 말했다. 의사 지시대로 하자 엄마가 완강하게 머리를 저었다. 가끔 위경련으로 고생하던 엄마는 대구 권 내과 외삼촌 병원에 입원했다. 대구에선 이름난 유명한 병원이었다. 외삼촌, 외숙모의 지극한 배려로 엄마는 안정을 되찾고 집으로 돌아왔다.

엄마가 네 번째 동생 익희를 낳았다

엄마 배가 점점 불러온다. 온 식구가 엄마를 위해 최선을 다했다. 엄마가 땡감을 찾는다. 봄으로 넘어가는 계절. 아버지가 어렵게 구해온 땡감을 엄마는 눈 한번 찡그리지 않고 껍데기째 버쩍버쩍 잘도 씹어먹는다. 이부터 떫어지던 땡감. 멋모르고 깨물다가 나는 기겁을 하고 뱉어냈다.

그해 사월, 귀여운 남자 아가야가 우리 집에 찾아왔다. 봉택이 엄마가 구해온 대나무 소쿠리에 엄마가 갓 태어난 아가야를 누인다. 귀한 아이일수록 소쿠리에 누여 천덕꾸러기로 키워야 명줄이 길다는 이웃들의 말을 철석같이 엄마는 믿는다. 너무나 귀해서 신줏단지 모시듯 해야 할 아가야를….

아버지는 아가야 이름을 익희라고 지었다. 엄마가 작명원을 찾아가 유명한 작명가에게 비싼 돈을 지불하고 진수라는 이름을 얻어왔다. 나는 진수가 정답게 들려 진수야, 진수야 불렀다. 진수는 얼굴이 희고 예뻤다. 진수가 커서 동네 아이들과 놀고 있을 때, 나 이

담에 크면 진수와 결혼할 거다, 나두 진수에게 시집갈 거다. 아아-진수는 마누라가 둘이구나, 웃었다.

그해 겨울로 접어들던 무렵, 엄마가 잘 보라고 이르고 볼일 보러 간 사이 난 진수가 잘 놀기에 안심하고 책을 보기로 했다. 그러나 아차! 소리 없이 기어 오던 아인 난로에 꽂아놓은 부젓가락을 움켜잡고 말았다. 자지러지듯 아이가 운다. 마침 들어오던 엄마가 아이를 업고 병원으로 무섭게 달려간다. 심하진 않지만 연한 살이라 관심을 갖고 치료하잔다. 나는 멀리 어딘가로 없어져 버리고 싶었다. 아이와 부젓가락 사건보다, 왜 이 지경이 되도록 아이를 봤냐, 아버지 고함 소리가 귀에 쟁쟁하게 들려오는 듯했다. 절절매는 내 꼴을 보고 모든 걸 짐작한 아버지는 아이를 안고 근심 어린 눈으로 바라보며 엄마에게 아이 혼자 두지 말라고 나무란다. 길이길이 물도 벌컥벌컥 잘 마신다. 물 한 모금 마시기도 별 탐탁하게 여기지 않는 나를 아버지 엄만 걱정했다. 만주에서 돌아온 이후 식성이 짧아졌다고 했다. 튼튼하고 잘 놀던 아이였는데 적응하기 힘든 모양이라고 애태웠다.

 6월, 7월, 학교 못 가는 날이 계속되고, 8월 정식 방학이 왔다. 뇌염은 아직 극성을 부리고 있어 오빠와 나는 모기장 안에 갇혀 살았다. 뇌염모기에게 물리면 큰일 난다. 뇌염에 걸리면 살아나기 힘들다는 소문도 돌았다.

 방학이 거의 지나갈 무렵, 거센 뇌염도 고개 숙여 가고 있었다. 퇴근한 아버지가 아무래도 부산으로 내려가게 될지 모른다고 한다. 엄마가 화들짝 놀란다. 고함을 지르다시피 큰소리로 부산… 하곤 말을 잇지 못한다. 상놈, 뱃놈 사는 곳.

 "거기서 아이들 교육 어떻게 시킬려고…"

 엄마는 거의 울고 있었다. 아버지는 감안한 듯 말없이 신문만 들여다본다.

 부산 나부리('노을'의 경상도 방언) 넘실대는 큰 바다, 새하얀 모래벌판, 해수욕하는 사람들, 형형색색의 고운 파라솔 늘어선 바닷가, 어느 책에선가 읽은 바다의 정경에 내 가슴은 울렁거리고 꿈으로 이어진다.

다니던 교회에 작별 인사를 하러 갔다. 친구들도, 선생님들도, 백설기를 덤으로 두 개 싸주던 집사 아줌마도 서운해한다. 올 크리스마스엔 춤추는 것 못 보겠다, 부엌일 맡아 하던 권사님도 내 뺨을 쓰다듬으며 이별을 아쉬워한다.

오르간 치는 소리가 난다. 참 아름다워라. 연주 소리다. 지난 겨울, 하얀 옷 입고 곱게 춤추던 기억이 났다. 춤을 가르쳐주신 선생님의 이별을 서러워하는 마음이 전해진다.

저녁에 꼭 오너라, 백설기 쪄놓았다, 나누며 파티 하자. 그러나 나는 짐 싸는 어머니 도와드리다가 그 맛있던 백설기 파티를 추억으로만 남기기로 했다.

대흥초등학교 운동장 마지막으로 밟아본다. 아버지는 오빠와 내가 바쁜 아버지 대신 서류 떼러 가주기를 원했다. 뇌염으로 텅 빈 운동장을 가로질러 연못가에 섰다가 오빠는 교무실에 들어선다. 나와 계신 선생님께 서류를 건네고 선생님께 크게 고개 숙여 인사한다. 나는 졸졸 따르며 고대로 따라 한다. 창가에 나와 손 흔들어 주던 선생님, 정든 교정, 운동장, 연못, 이제

볼 수 없으리라. 울컥 솟아오르는 슬픔에 나는 울었다. 오빠도 눈물 훔치듯 눈가를 닦는다. 초등학교 시절 황금기가 서서히 문을 닫아가고 있다.

넷,

우리는 부산으로 간다

봉택이네가 보이지 않는다

의아해하는 엄마에게 집과 직장이 구해지면 봉택이네가 부산으로 오게 된다고 아버지가 말했다. 서운함이 기쁨으로 바뀌는 엄마 얼굴. 오빠와 나도 무척 기뻤다.

 부산으로 왔다. 동대신동 3가(?) 27번지(?), 나가야 남쪽에 있는 나무 벽으로 지은 집. 옆집 마당과는 나무 담으로 가려있고, 두 집 사이 담으로 드나드는 나무 문과 나누어 쓰는 우물이 있었다. 우물가 우리 집 쪽에 자라난 대추나무 열매를 따다 우리들 맛있게 먹었다. 폐허가 된 마당은 참 넓었다. 다다미방 2개, 온돌방 하나, 목욕탕과 화장실이 안방과 붙어있어 좋았다. 북쪽 현관 앞을 녹색공간으로 자란 풀은 딸기꽃밭이었다.

부산에서의 첫날 밤이 깊어

도란도란 엄마와 아버지의 이야기가 더위에 잠 못 들어 어디선가 무서운 귀신에 시달리는 내 귀에 들려온다. 계희는 자기 앞 추려 나갈 아이니 걱정 없고, 이 험하고 소란스러운 부산 사회에 숙이가 어찌 적응해 갈지 걱정이라고 진정 어린 음성으로 말한다. 숙이는 속이 깊고 차분한 아이라 걱정 없다고 아버지는 말한다. 나는 이불을 꼭꼭 덮고 이 집 귀신이 침범하지 못하도록 더위와 무섬증에 떨며 잠이 들었다.

부산사범초등학교에 전학하다

교감 선생님은 곤란하다는 듯 아버지에게 말한다. 4학년은 마침 한 여자아이가 서울로 전학 가고 자리가 비어 있으나, 6학년은 자리가 없어 오빠의 전학이 어렵다고 딱 잘라 버린다.

아버지가 교장 선생님을 뵙길 요청했다. 부드럽고

점잖게 생긴 키가 큰 교장 선생님은 자애로운 눈으로 우리와 대전에서 갖고 온 성적표, 그 학교 교사 선생님 소견서를 꼼꼼히 살펴본다. 우리들 머리를 쓰다듬어 주며 아버지에게 말한다. 6학년 4개월밖에 남지 않았으니 공부시키자 했다. 싸움닭이 된 듯 긴장했던 아버지는 교장 선생님 손을 두 손으로 잡고 고개 숙여 감사의 인사를 한다.

여직원이 데려다준 나를 반갑게 맞이하는 4학년 2반 담임 선생님, 성씨가 우 선생이었음만 기억난다. 교단에 선생님과 함께 올라선 나는 놀랐다. 진기한 물건이라도 바라보듯 눈이 반짝거리는 아이들 얼굴이 모두 거무칙칙하다. 엄마가 바닷가 모래밭에서 놀고 수영을 해서 햇볕에 타서 그런 거라고 가르쳐 주었다.

산수 시간. 선생님 말씀 한마디도 못 알아듣겠다. 내가 대전에서 뇌염으로 학교가 쉬는 동안 여긴 진도가 꽤 나간 모양, 분수 공부를 하고 있었다. 열심히 공부하면 따라갈 수 있으리라. 내 옆을 지나가던 우 선생님이 분수 배웠냐 물어본다. 난처해하는 선생님은 배운 적 없다는 내 대답을 일축하고 지나간다.

수업이 끝나고 쉬는 시간, 내 뒤쪽 아이들 시원스러운 그림이 전시된 곳이 왁자지껄 난리 난 듯 시끄럽다. 두 아이가 맞붙어 싸우고 있다. 개의치 않고 조용히 공부하는 아이들도 있고, 달려와 말리려는 친구도 있다. 욕지거리가 튀어나오고 듣기 민망한 욕에 나는 귀를 막았다. 이런 분위기가 너무 싫어 울고 싶었다. 남자아이들이나 싸움박질하는 거 아닌가? 여자아이들 싸움은 처음 본다.

"뭐야, 뭐야-"

나는 놀랐다. 정말 뭐야? 뭐야, 다. 다시는 안 볼 것 같이 싸우던 두 아이가 손잡고 웃으며 교실을 나선다.

키가 큰 아이가 어리둥절한 나를 보고 말한다. 집에 혼자 갈 수 있어? 응-. 내가 같이 가 줄게. 우리 집은 학교에서 꽤나 멀었다. 오늘 아버지 손에 이끌려 처음 오는 길, 혼자 갈 수 있을지 두렵던 중이다.

학교 앞 큰길을 지나, 동신초등학교 지나, 수원지 정문에서 약간 왼쪽에 있는 비탈길 올라 구덕산 기슭 가까이 나무담장 나무 문 집에 나와 도란도란 이야기 나누며 걸어왔다.

잘 찾아올까, 대문을 나서서 걱정하던 엄마는 그 아이에게 마음과 몸 다해서 칙사대접한다.
"고맙구나. 좋은 친구가 되어주렴."

　이호순, 호순이로 인해 나의 부산 생활은 천천히 적응되어 갔다. 지금도 우린 카톡으로 전화로 서로의 어려움 고달픔 나누며 산다. 나는 어제 우리 남편과 싸웠다, 그 작은 목소리로 싸움도 잘도 싸우겠다, 큰 소리로 싸워라, 너도 싸우니? 그럼 싸우지, 우린 재잘댄다.

　이호순, 나의 절친. 중·고등학교 같이 나와, 이화여자대학교 약학과 졸업하고, 신학대학 박사로 목사님 된 분. 엄마 말에 의하면 "바보 등신 천치 축구"를 항상 말없이 이끌어 준다. 고마운 친구다.

　나는 점점 부산 아이가 되어갔다. 가시내란 말을 처음 듣고 웃었지만 나도 가시내다.

부산사범초등학교 학생 시절

국어, 사회는 신나는 시간이었다. 국어 시험에서 다음 사투리를 표준어로 고치라 한다. 부산에 온 지 얼마 안 된 나는 사투리에 너무 약했다. 다른 말은 그럭저럭 알겠지만 '벌거지'는 어려웠다. 벌거벗은 땅? 하지만 명사가 아니라 나는 틀렸음을 알았다. 용감하게 선생님께로 갔다. 벌거지 모양이 어때요? 우 선생님은 낙엽 하나둘 떨어지며 가을을 알리는 밖을 내다본다. 난처한 표정. 나는 다시 물었다. 벌거지가 땅이에요? 저기 고목나무에 고물고물 올라가는 거란다. 아! 벌레다.

산수 시간은 힘들었다. 분수가 무언지 머릴 굴려도 답이 안 나온다. 갑작스러운 쪽지 시험, 40이란 숫자에 눈이 깜깜하여 죽고 싶었다. 종이를 꼭꼭 접어 가방 밑에 넣고 다녔다.

어느 날 엄마에게 들켜버린 40점짜리 쪽지 시험지. 엄마와 오빠가 펄펄 뛰며 나무란다. 아버지 오시면 넌 죽었다. 오빠의 말에 죽을상이 된 나를 아버지가 품에 안아주며 아버지가 잘못했구나, 사과를 등분해 자르고 다정하게 분수를 가르쳐 주던 나의 아버지, 척척 잘 풀어내는 내 손을 꼭 잡아주며 어려운 일 있으면 아버지와 의논하자.

산수 시간 쪽지 시험 칠 날 기다리고 기다렸지만 치지 않았다.

다섯,

육이오
전쟁

평화가 찾아오고 있다

부산 온 이듬해, 오빠는 부산중학교에 썩 우수한 성적으로 입학했다. 나는 5학년이 되어 단발머리 귀여운 박원이 친구도 되고, 얼굴 거무칙칙한 변희자와 친하게 지내며 부산 아이가 다 되었다.

우리를 따라 이사 온 봉택이네 식구들은 부산 내려온 걸 좋아하고 틈틈이 엄마를 도우러 봉택이 엄마가 우리 집에 온다.

모든 것이 안정되고 나는 여름을 몹시 기다렸다. 바다에 가서 수영을 배운다, 꿈같은 나날이 지나간다, 그러나 아버지 표정은 어두웠다. 쓰리쿼터에 삽과 곡괭이 넣고 수원지를 돌고, 부실한 공사판은 파헤치고, 스스로 노가다라 지칭하며 부산시를 누비던 아버지를 엄마는 '뼈꼴이'라 불렀다. 타협을 모르는 고집불통이란 뜻이지만, 엄마가 특별히 아버지에게 지어준 엄마만의 말이다. 어딘지 고집불통과 어울리는 말 같다.

두 쪽 갈라진 북쪽 공산당이
남쪽을 쳐내려왔다

서울이 함락되고 대구로 왔던 임시정부가 부산으로 내려왔다. 한강 다리가 폭파되어 피난민들은 남쪽으로 내려오는 다른 수단을 찾아 헤맨다.

피난민들이 내려왔다

뒷방, 현관도 피난민들에게 내어주었다. 곡간을 방으로 고쳐 피난민들이 썼다. 친가댁, 외가댁 식구들이 모두 내려와 우리 집은 초만원이 되었다.

먹을 음식도 부족하고 수돗물이 잘 나오지 않았다. 양쪽 집에서 시도 때도 없이 퍼 올린 우물도 말랐다. 이모를 따라 구덕산 기슭까지 올라가 물을 길어왔다. 엄마는 배급받은 쌀을 시장에 나가 보리쌀로 바꾸어 끼니를 이어갔다.

아버지는 수원지를 돌며 수돗물 공급이 잘되도록

힘을 기울였다. 며칠에 한 번이라도 수돗물 공급하여 부산 시민들이 편하게 살도록 아버진 연구했다.

괴뢰군이 낙동강까지 내려와 대구 시민들도 피난길에 오른단다. 아이들만이라도 남해로 피신시켜야겠다는 아버지 말에 엄마가 반대했다. 나는 만주벌판을 기차 타고 고국으로 돌아오던 때가 생각나 치를 떨었다.

북으로 쫓겨가기 시작한 괴뢰군들, 우린 신나서 노래 부른다.

"달팽이야 달팽이야
싸리나무 올라가서
달팽이야 달팽이야
무엇 무엇 보았니

꽁지 빠지게 도망가는
오랑캐 떼 보았지
허둥지둥(?) 도망가는

오랑캐 떼 보았지"

우리는 학교를 외국인 병원으로 내어주고 칠판을 메고 산기슭에 올라가 공부했다. 수업은 계속되었다. 피난 온 아이들과 함께 공부했다. 우린 마음을 울리는 노래를 불렀다.

"아빠 따라 천릿길
머나먼 길을
봇짐 지고 타박타박
피난 온 소년

오늘은 어디까지
쳐 나갔나요
묻고 묻고 하늘 보는
피난 온 소년"

위문편지를 날마다 쓰고 위문품을 모아 군인 아저씨들께 보낸다.

북괴들이 흩어져 북으로 몰려가기 시작했다. 부산 시민들은 환호성을 지르며 기뻐했다.

아버지와 육이오 후유증

어느 날 아버지가 느닷없이 군복에 경찰관 마크를 달고 집에 들어선다. 출두 명령을 받았단다. 모두 놀랐다. 필요한 몇 가지 물품 챙겨 들고 아버지가 다시 지프차에 오른다. 오빠와 나의 얼굴을 말없이 오랫동안 바라보다가 엄마 손을 잠깐 잡아보고 떠날 준비를 한다.

지프차에 오르고 매달리던 동네 아이들이 지프차 뒤를 달려간다. 꽁무니에서 뿜어나오는 내음이 좋은 아이들, 위생을 위하여 빨리 달려 나가자 하지만 기사 아저씬 싱글거리며 수원지 정문 앞까지 천천히 달리며 아이들 구미를 맞추어주곤 했다. 그러나 그날은 씽 달아나 버렸다.

사색이 된 엄마가 울먹거린다. 봉택이 엄마가 위로한다.

아버지는 전장 선봉에 서서 국군이 전진하기 전 무너진 다리를 세우고 폭격으로 파인 땅을 닦으며 가야 한다고 했다. 아이들 사진을 아버지가 챙겨갔다는 말에 나는 눈물만 흘렸다. 갑자기 아버지가 보고 싶었다. 숙아 부르는 아버지 음성이 듣고 싶었다. 만주 벌판을 달리던 기차를 미처 타지 못했던 아버지 생각에 가슴이 미어지는 듯했다.

국군이 서울까지 밀고 들어갔다는 소식에도 아버진 돌아오지 않았다. 레그혼 닭은 열심히 알을 낳고, 마당의 채소밭은 우거지는데 그 누구도 아버지 소식을 알려주는 이 없었다.

육탄 십 용사. 아버지는 나에게 슬픈 위문편지를 쓰게 했다. 육군병원에서 내가 쓴 위문편지를 읽었다. 양쪽 눈에 붕대 감은 국군 아저씨, 다리 한쪽 잃은 군인 아저씨, 침대에 누워 강당까지 나온 국군 용사. 모두 위문 간 우리를 슬프게 했다. 위문을 마치고 돌아올 때 내 위문편지 참 잘 썼다고 누군가 말해준다.

꿈처럼 나타난 아버지

학교에서 돌아오는 내 귀에 아버지의 음성 들려왔다. 아- 여기 이 구두, 마루 위에 벗어 놓은 저 모자. 나는 마구 달려 들어갔다.

"숙이냐?"

안기는 나를 꼭 안아주던 아버지 품 안에서 잉크 내음을 맡는다. 잠시 눈을 붙이고 시로 보고서 작성하러 가야 된다고 아버지가 말했다. 뜰을 서성이던 기사 아저씨가 나를 보고 함박웃음을 짓다가 하품을 한다. 아버지도 아저씨도 피곤에 젖어있다.

엄마가 위경련 앓다

엄마 주치의가 말했다.

"오 국장님 일 열정 알아드려야 합니다."

엄마가 괴롭고 쓸쓸한 표정을 지었다.

"의사 선생님이 부럽다 했어요? 노가다는 아니잖

아요."

주치의는 박장대소한다.

"나도 때론 노가다가 된답니다."

주치의가 말했다. 우린 모두 힘든가 보다. 바로 집 뒤의 경남중학교를 마다하고 먼 부산중학교를 고집한 오빠도 힘들어 보인다. 중학생들과 마주 보면서 학교를 오가는 나도 힘들다. 어느 날 마주 오던 중학생 한 명이 나를 밀어 개울에 빠뜨렸다. 누군가가 손을 내밀어 개울에서 건져주었다. 다음부터 벽 쪽 벽에 붙어 학교에 오간다.

육이오를 직접 몸소 겪진 않았으나 전쟁터를 오간 것 같이 커갔다. 교회 어린이 합창단에 끼어 상이군인 병원에 다니며 그들을 위로했다. 나는 주로 내가 쓴 위문편지를 읽곤 했는데 상이군인 아저씨들이 듣기 좋아했다.

집에 돌아온 아버진 며칠 앓았다.

"어이 노가다 오 국장님, 살아 돌아와 기쁘네. 말동무 생겨서 말이야."

주치의가 집에 들어서며 큰 소리로 말했다.

"아- 의사 노가다 만나게 되어 기쁘군."

엄마가 국제시장, 양키 시장을 돌고 돌아 구해온 칼피스를 대접한다. 아버진 칼피스를 무척 좋아했다. 나도 좋아했다.

돌 부지런히 구워 엄마 가슴에 얹어줘야 한다. 주치의는 내 뺨을 꼬집으며 만날 때마다 명령한다. 말수 적은 아버지에 비해 말 많은 그가 나는 싫었다.

전쟁이 서서히 조용해지고 피난민들도 돌아갔다. 길고 긴 전쟁과 삶의 애환을 남기고…. 이제야 너희들 고등어 몸통 구워 먹이게 됐다. 엄마가 쓸쓸히 웃으며 말했다. 고등어 대가리가 얼마나 맛있었는지 엄만 모르나 보다.

결핵병을 앓는 작은아버지

아버진 동생을 무척 아꼈다. 우리가 만주에 살 때 외삼촌과 함께 대구 의과대학(일제 당시 대구의학전문학교를 가리키는 듯)을 졸업하고 의사가 되었다. 아버지가 돈을 대어 공부한 것이다.

사범학교 졸업생 작은엄마와 결혼하여 딸 효숙이도 낳았다. 행복의 절정에서 살 무렵, 학교 연구실에서 결핵균을 연구하던 작은 아버진 후두결핵에 걸리고 말았다.

피난민이 모두 돌아간 다음, 여전히 우리 집 뒷방에 작은아버지 내외와 효숙이가 머물고 있었다. 주치의는 결핵약을 구해왔다. 구하기 쉽지 않았다.

미닫이문 하나 사이로 작은아버지 방과 우리 공부방이 있었다. 아버지는 혹여 결핵균이 우리 방에 옮겨올까, 창문을 열고 공기를 바꾸고 노심초사한다. 우리를 위한 사랑과 작은아버지를 향한 애틋한 정이 교차하여 아버지 가슴 속은 까맣게 타들어 갔다.

작은엄마는 거칠게 화내곤 한다. 어린 효숙이를 공연히 야단치고, 작은아버지 이불을 빨랫줄에 널어놓고 장대로 탕탕 힘 있게 내려친다. 힘이 장사인 작은엄마가 이불을 안고 나오면 엄마는 우리에게 방으로 들어가라는 신호를 눈짓으로 알린다. 때로는 마치 엄마가 작은아버지 병들게나 한 듯 엄마 앞에서 두 손으로 방바닥을 치며 팔팔 뛴다. 엄마는 고개 숙이고 그 수모를 말없이 당해냈다. 오빠와 난 작은엄마가 무서워 피해 다녔다. 어린 익희는 작은엄마만 보면 울음을 터뜨렸다.

　세월이 흐르고 작은아버지가 돌아가신 후 작은엄마는 교육감으로 승진했다. 그러나 여전히 작은엄마의 짜증 상대로 효숙인 힘들어했고, 자신이 과부가 된 원인이 아버지와 엄마 탓이라도 되는 듯 달려들기도 했다.

여섯,

비행접시와 아이들

비행접시

사람들이 하늘을 바라본다. 눈을 크게 떠서 보는 사람, 가느다랗게 눈에 힘주어 보는 사람도 있다. 나도 사람이 모여 하늘을 보고 있으면 달려가 함께한다. 조심스럽게 눈을 가늘게 뜨고 어디서나 하늘을 바라본다. 하늘에 무언가 떠다닌다. 미 폭격기도 아니다. B-29도 아니다. 쌕쌕이도 아니다. 동그란 접시 모양의 날개 없는 비행체. 외계인이 타고 왔다고 사람들은 말한다. 그 어디에도 보이지 않아 안타까웠다.

오빠와 내가 함께 학교 가는 길. 뒤돌아보면 오빠가 보이지 않는다. 풀무로 쇠를 녹이는 아저씨 앞에 쪼그리고 앉아 구경하고 있다. 오빠 가자, 학교 늦어. 그래. 한참 가다 오빠는 꽈배기 장사 꽈배기 만드는 손을 구경하러 선다. 가자, 오빠. 그래. 오빠는 구두 고치고 닦아 주는 가게 앞에 얼굴을 디밀고 구경하고 있다. 겨우 늦지 않게 도착한 학교 문 앞에서 씽-소리만 남기고 교실로 오빠는 달려가 버린다.

오빠는 무엇이 궁금하고 재미있어서 가던 길 멈추

고 구경하는 걸까. 이해가 안 갔다. 나는 예사로 보면서 걸어간다. 하늘을 열심히 보며 오빠 생각 났다. 하늘만 올려다보며 학업도 잊고 있지 않을까 걱정했다.

엄마도 기회 있을 때마다 하늘을 바라본다. 혹여 엄마는 그 비행물체를 찾아낼지 모른다. 40점짜리 쪽지 시험지를 찾아낸 엄마다. 창피하고 억울하고 무섭고 울고 싶던, 가방 밑에 꼭꼭 숨겨놓은 쪽지 시험지다. 아버지가 가르쳐준 분수 문제 자신이 생겨났으나, 죽고 싶었던 초등학교 4학년 시절의 서글픈 추억이다.

엄마도 비행접시를 보지 못했다. 없나 보다. 그래도 나는 비행접시 소문이 잦아질 때까지 하늘을 열심히 바라보았다. 하늘은 언제나 고왔다. 뭉게구름이 지나가고 바람도 스친다. 깜깜한 날 밤이면 수없이 많은 별이 내게 쏟아진다.

아버지의 꾸지람 못 듣고 나는 자랐다. 딱 두 번 아버지는 조용히 나를 타이르며 꾸짖은 적이 있다. 해방 직후다. 아이들이 모여 놀며 노래 부른다. 신이 나서 나도 따라 불렀다. 정확한 의미도 알지 못하던 시절이다. 아이들 노래는 신나고 재미있었다.

"갓대 구루마 발통 누가 돌렸나.
집에 와서 생각하니 내가 돌렸다.
할배요 할배요 용서하세요.
안 된다, 이 놈아 경찰서 가자.
빰아대기 한 차례 두드려 맞고
집에 와서 생각하니 분해 죽겠네.
똥구멍이 올라갔다 내려갔다 분해 죽겠네."

도코노마 앞에서 신문 읽던 아버지의 큰 고함 소리가 들렸다. 꽃밭에서 꽃들과 놀며 신나 부르는 내 노래를 아버지는 들었다.

엄마와 내가 아버지 앞에 불려 갔다.

"아이들이 부르고 다니던데 얘가 금방 따라 부르네요."

엄마가 조심스럽게 말했다. 다시는 부르지 않겠다는 약조를 하자 아버지 성난 표정은 따뜻한 모습으로 변했지만, 처음으로 아버지가 무서웠다.

또 한 번 아버지는 나를 크게 꾸짖었다. 육이오가 끝나 부산 공설운동장에 미군들이 주둔하던 때 나는 높은 담장 밑을 걸어 등교 하교를 했다. 아이들이 담 밑에서 위를 바라보며 노래 부르고 있었다. 담 위에는 서너 명의 미군들이 아이들을 내려다보며 웃고 있다. 나는 도망치듯 그 앞을 벗어났다. 그러나 아이들 부르던 노래가 내 귀에 그대로 남아있었다.

"헬로 헬로
추잉검 기브 미
헬로 헬로
씹던 것도 좋아요.

헬로 헬로
쪼꼬랫드 기브 미
헬로 헬로
먹던 것도 좋아요."

생각 없이 난 노래 부른다. 나는 마당을 서성이며 노래 불렀다. 갑자기 아버지의 가방을 마루에 내동댕이치는 소리가 크게 났다.

"숙아, 이리 오너라."

착 가라앉은 아버지 음성은 무서웠다. 아무 말 없이 떨고 앉은 나에게 아버지가 한 말, 다시는 그런 노래 부르지 마라, 방으로 들어가 버린다. 잘못했어요, 용서해 주세요. 아버지에게 하고 싶었던 말, 목구멍 속으로 들어가 버렸다.

나는 육탄 십 용사 책을 펴 들었다. 나라를 위해 고지를 탈환하고 장렬하게 목숨 바친 십 용사들, 가슴이 찡하다. 아무런 일 없는 나를 향해 웃어주는 웃음 깊이 스며있는 아버지의 슬픈 기운이 나를 슬프게 한다.

오래 끌던 비행접시 이야긴 본 사람 없이 잊혀가고 있었다.

괴산

아버지가 충청북도 산골짜기 오지 괴산으로 간다. 폐허가 되다시피 한 서울의 복구가 속도를 내던 시절이다. 순 우리나라 기술로 짓게 되는 괴산 수력발전소 댐 건축을 위해 아버진 괴산으로 가게 되었다. 또 노가다 신세가 될 모양이다. 왜 그 산구석에 가려는지 알 수 없다고 아버지 짐 챙기던 엄마가 말했다.

아버진 오랫동안 집을 비웠고, 훌쩍 떠나가곤 했다. 엄마는 서울로 이사 갈 것을 제의했지만 아버진 조금만 더 조금만 더 부산에 있으라는 말만 했다. 엄마는 서울에 집 구할 준비도 하고, 우리 학교를 위해 어느 학교에 넣을지 알아보기도 했다. 나는 수도여고에 입학 허가가 났지만, 경기고등학교 아니면 안 간다는 오빠 고집으로 부산에 있기로 했다.

만반의 준비를 마친 엄마를 아버지가 일축해 버렸다. 나는 전학 준비를 하다가 그만두는 해프닝을 벌였다. 어딜 가려고 그래, 부산이 최고지, 담임 선생님이 반가워해 주었다.

아버지가 집으로 돌아왔다. 엄마는 아버지가 또 뻐꼴이(고집불통) 짓을 한 모양이라 말했지만, 돌아온 것을 기뻐했다. 토목건축 과정에서 모래와 시멘트 배합은 중요한 아버지의 기본 신념이다. 아버진 차 안에 모든 도구를 싣고 다녔다. 공사장에서 배합이 적절치 못한 것 만나면 단번에 알아차리고 가차 없이 곡괭이와 삽으로 뒤엎어버렸다.

아버지 미국으로 떠나기 직전 거의 날마다 서울 이촌동 집에서 동작대교 건너 국립묘지까지 산책 다녔다. 어느 날 나도 따라나섰다. 돌아오던 길, 아버지는 지팡이로 대교를 탁탁 두드리며 말했다. 동작대교 간수 잘해야 할 거다. 지팡이에서 울려오는 소리만으로 무언지 부실함을 아는 아버지.

괴산에서 온 산골 소녀

데려가 밥만 먹여달라는 부모 말에 아버지가 데려온 아이는 산골 시골 무지렁이답게 몹시 거칠었다. 눈빛이 차디차다. 우리 학비에 보태기 위해 닭을 키울 희망에 부푼 엄마에게 반가운 아이. 그러나 엄마는 바로 실망했다. 식사 시간, 맛있는 반찬 날름날름 집어 먹어버리는 아이에게 엄마의 잔소리가 잦아졌다. 못 먹어 왜소하나 나보다 나이가 많은 듯했다. 나는 불쌍했다. 먹는 것을 밝히는 아이에게 내가 먹는 것을 나누어 주고, 가끔 빨래며 집 안 청소를 도왔다. 엄마가 알고 무섭게 화냈다. 아이는 내 머리 위에서 나를 조정하고 있었던 것이다.

"이 바보 등신, 천치, 축구 짓 그만두지 못하냐!"

아버지가 들었다. 늘 엄마 말 예사로 들어온 내가 충격받지 않을까 저어했다.

엄마가 위경련을 일으키고 앓았다. 나는 주치의가 시키는 대로 돌을 데워 엄마 가슴팍에 얹어주었다. 나는 아이가 무서워졌다. 엄마가 아이를 꾸짖자, 아이는 아버지가 아끼던 채소밭을 지근지근 밟았던 것이다. 아버지가 아이를 원하는 이 있으면 그 집으로 보내려 했다. 그러나 즐겨 데려가도 하루가 멀다고 되돌려 보낸다. 그 먼 괴산까지 혼자 보낼 수도 없고 고심하던 아버지에게 좋은 소식이 왔다. 괴산 근처까지 간다는 지인이 나타났다. 지인과 함께 괴산으로 떠난 그 아이는 서울 어디쯤에서 동행인 옆에서 사라지고, 그 이후 그 아이 소식은 들려오지 않았다. 나는 때때로 그 아일 생각하며 마음 아파한다. 어려운 시절 태어나 부모에게 버림받고 낯선 곳에서 남의 살이 하는 신세. 배우지 못하고 교복 입고 다니는 주인집 딸 부러워하던 아이.

2부

하나,

부산 정착

엄마의 닭장

아버진 부산시청 건설국장이 되었다. 꽃밭에 예쁜 꽃들이 미모를 자랑하고 채소밭엔 토마토, 가지, 오이, 온갖 채소가 싱싱하게 자라고 있다. 나무담장에 노오란 호박꽃이 피고 지고 튼실한 호박이 많이 열린다. 아버진 호박 구덩이에 거름을 주었다. 냄새가 나고 호박이 싫어졌다. 아버지는 이른 아침 싱싱한 토마토를 따서 소금 쳐서 먹었다. 우리 집 마당은 채소가게처럼 채소란 채소는 다 아버지가 키웠다. 채소밭 끝에 파도 마늘도 자랐다.

드디어 엄마는 마당 한 켠에 닭장을 짓고 레그혼을 키우기 시작했다. 하이얀 백색 닭이었다. 끝내 반대하던 아버지는 아이들 교육을 위한 수단이라는 엄마 말을 받아들였다. 사실 아버지 월급은 엄마 말에 의하면 쥐꼬리만 했고, 작은아버지 약값에 큰집 생활비 보조로 나가는 돈이 적지 않다고 엄마는 늘 짱알거렸다.

닭장을 깨끗이 유지할 것, 시끄러운 닭 소리로 신경 건드리지 말 것, 그 외 몇 가지 아버지와의 약조 끝에 레그혼 30마리가 우리 가족으로 정착했다.

엄마는 동대신동 시장에서 배춧잎을 모아오고 생선가게에서 버린 고등어 대가리를 얻어왔다. 배춧잎을 잘게 썰고 종일 끓인 고등어를 사료와 함께 먹이로 먹였다. 레그혼은 산란용 닭 품종답게 알을 잘 낳았다. 아침마다 엄마가 닭장에서 하얀 달걀을 모아 갖고 나왔다. 아버지가 달걀 양쪽에 젓가락으로 작은 구멍을 내고 얼굴을 위로 맛있게 빨아먹는다.

이웃 사람들이 싱싱하고 좋다며 달걀을 사러 왔다. 때로 집으로 배달해 주길 원했고, 엄마는 내게 심부름시킨다. 부끄럽고 창피하여 싫었다. 오 국장님 따님이네, 네가 고생하는구나. 초인종을 누르고 상기된 얼굴로 서 있는 내게서 달걀을 받아 들고 돈을 주며, 어이 들어와 좀 쉬었다 가거라, 나는 무언가 잘못하다 들킨 아이처럼 쏜살같이 그 집 앞을 벗어난다. 외상을 받아 오라는 엄마의 말은 정말 싫었다. 그 집 가까이 갔다 왔다 하다가 그 집 아무도 없던데, 닭장 철망을 마구 찬다. 고고 거리는 닭들을 놀라 내다보는 엄마가 닭들이 왜 저러지, 하면 나는 천연덕스럽게 몰라 왜 저러지, 닭들을 노려본다.

저 북향으로 넘어가는 뒤뜰 가에 앉아 책을 읽으며 달걀 배달로 창피했던 마음을 달랜다. 엄마의 잔소리가 시작된다. 책만 읽지 말고 청소도 좀 해라, 책상 밑에 떨어진 종이들 그때그때 집어치워라, 베갯잇 거뭇거뭇 배게 하지 말고 벗겨 내어놓아라, 머리 빗고 떨어진 머리카락 모두 모아 버려라…. 봉택이 엄마가 오면 엄마 잔소리는 잦아든다. 봉택이 엄마는 이집 저집 다니기 힘들고 허리가 아프다고 한다. 엄마가 우리 집에만 오라고 말했다. 그날 이후 봉택이 엄마는 날마다 왔다. 나는 날마다 서북쪽 나부리가 넘어가 버릴 때까지 책을 읽었다.

나와 짐승고기

온 식구 둘러앉아 식사 시간 식탁에 고기반찬이 올라오면 엄마의 손바닥 세례를 받는 나의 등. 난 쇠고기, 돼지고기, 닭고기 모두 먹지 못한다. 해방 후 돌아가신 할아버지 댁 외양간에 매어 둔 소 엉덩이에 묻은 오물 위에 떼를 지어 붙어 다니던 쇠파리 떼를 본 후 나는 고기를 먹지 못한다. 아버지가 화난 어투로 엄마에게 말했다.

"못 먹겠다잖나. 숙이 좋아하는 음식 해 주어라. 먹도록 해 주어라."

엄마의 도미조림은 참 맛있었다. 구덕구덕 말려 구워 양념간장 바른 가자미구이는 일품이었다. 저녁 식사 시간은 온 식구가 모인 즐거움의 시간이었다.

언제 어느 때나 내 기를 살려주려 애쓰는 아버지가 고마웠고, 엄마에게 미안했다.

거의 말이 없는 아버지가 입을 연다. 얼마 전 부산시 어느 길로 대통령 행차가 있다는 연락이 왔다. 마침 그 길은 공사 중이었고 끝낼 시간이 촉박했다. 아이디어가 떠올랐다. 연탄재를 가득 얹고 물을 쫙 뿌려놓았지. 대통령 차량 무사통과. 우린 모두 재미있게 웃었다. 아버지에게 그런 묘사가 있다니….

엄마는 닭을 열심히 키우고 좋아했다. 어느 날 밤 닭장 밑을 파고 들어간 족제비가 엄마 닭을 물고 달아났다. 비참하게 일그러졌던 엄마 얼굴을 잊을 수 없다. 잡혀간 닭이 불쌍해서 눈물을 쏟았다. 아버지가 닭장 밑을 고치고 다시 그런 불상사가 일어나지 않게 조처했다.

둘,

빨갱이와 아버지

빨갱이

동대신동 2가, 완만하게 내려앉은 구덕산 기슭은 여름날 아이들이 뛰어놀기 참 좋은 놀이터였다. 별빛이 쏟아지는 밤이면 기슭을 누비며 개똥벌레와 함께 날아다녔다. 어느 날 아이들 모습은 어둠이 깔리기도 전에 집안으로 모두 숨어버렸다. 육이오 이후 피난민들의 판자촌이 한 채 두 채 생기고부터다. 판자촌에 빨갱이가 산다는 소문이 쫙 퍼졌다.

"오빠, 빨갱이 얼굴 빨개?"

"몰라…."

"무서워?"

"그럼, 아주 무섭대. 경찰, 군인 아저씨들이 빨갱이 잡으러 다닌대."

"총 쏘아 잡아버리지."

"숨어다니니까 못 잡아."

숨어다닌다는 말에 나는 치를 떨었다. 몰래 아이들 잡아가는 건 아닌지…. 우리 집 부엌 바닥을 발라주는 미장이 아저씨는 얼굴이 붉다. 코끝은 더 붉었다. 빨갱이인지 모른다. 나는 미장이를 피해 방에 숨었다.

구덕산 기슭까지 먹구름이 내려오고 집 마당 하늘 위에 구름이 쌓이면 아버지는 채소 모종이랑 꽃모종을 구해왔다. 비가 올 모양이다. 아버지는 입을 오므리며 모종을 심었다.
"아버지, 빨갱이 무서워?"
놀란 눈으로 나를 바라보던 아버진 말없이 모종에 몰두한다.
"아버지, 빨갱이 얼굴은 빨간가?"
"숙아, 이 담에 크면 알게 된다."
아버진 소리 내어 웃으며 말했다.
별이 알알이 쏟아지는 평상에 엄마와 누워 저건 북극성, 저건 북두칠성, 손가락 가리키는 내 가슴은 무섬증으로 괴로웠다.

아버지와 김 기사

김 기사가 며칠째 보이지 않는다고 아버지가 걱정했다. 김 기사는 며칠째 돌아오지 않았고 기사가 바뀌었다. 어리둥절해진 동네 아이들이 지프차에 가까이 다가서지 않는다. 동네 아이들은 지프차에 매달려 김 기사와 놀았다. 차가 달리기 시작하면 뒤따라 달려오는 아이들을 위해 수원지 앞까지 천천히 가다가 잽싸게 큰길로 차를 빨리 몰던 김 기사.

시청 옆에서 여러 명이 함께 합숙하고 있었는데, 어느 날 밤 형사들이 다 데려간 후 모두 돌아오지 않았고 행방도 알 수 없었다. 아버지 얼굴은 검은 구름 낀 듯 어두웠다.

아버지가 김 기사를 찾아 나섰다. 소식도 없고, 아는 사람들도, 알 만한 사람들도 흔적을 모른다고 했다. 아버지는 합숙소에 남아있는 김 기사 소지품을 찾아와 상자에 넣어 고방에 간수했다.

어느 날 아버진 거의 탈진한 상태로 집에 돌아왔다. 여기저기 힘 닿는 대로 김 기사를 찾는 아버지에

게 경찰 간부가,

"그렇게 찾고 하시면 국장님께서도 다칩니다."라고 말했단다.

그 이후 아버진 완전한 노가다로 돌아가고 우리도 빨갱이란 말을 입 밖에 내지 않았다. 그때 그 시절은 그랬다. 집 떠나 못 돌아오는 사람들이 많았다.

피난 온 아이들

우리 반에도 피난 온 아이들이 있었다. 그 아이들은 서울 수복과 함께 다들 서울로 올라갔다. 나는 피난 온 아이들에게 관심이 많았다. 그리고 그 아이들이 서울에서 왔다는 우월감도 느낄 수 있었다.

"아빠 따라 천릿길
 머나먼 길을
 봇짐 지고 타박타박
 피난 온 소년

오늘은 어디까지
쳐 나갔나요
묻고 묻고 하늘 보는
피난 온 소년"

아빠 따라 기차 타고 돌아온 고국. 여전히 그리웠던 그곳 아이들. 두 동생 무덤가에 곱게 피어있던 이름 모를 꽃들. 나는 피난 온 소년이 되어 먼 하늘을 보고 또 보곤 했다. 그들의 서러운 피난살이를 이해해 갔다.

식구가 늘었다
(종희 태어나다)

엄마가 아들을 낳았다. 여형제 없으면 외롭다, 숙이 때문에 딸 낳아야지, 노래처럼 엄마가 말했지만 나는 외로워지고 말았다. 진수는 잘 크고 있었다. 봉택이 엄마는 광주리를 사 오지 않았고 새아기는 바로 엄마

품에 안겼다.

아버지가 지어 준 새아기의 이름은 종희. 엄마는 작명사를 찾아가지 않았다. 종희는 여자아이처럼 예뻤고 지나치게 영리했다. 유치원 시절 엄마 머플러를 씌워 주면 김지미보다 더 예쁘다고 웃었다. 엄마 아버지의 사랑을 독차지하며 자라 안하무인이 되어버린 오종희. 다섯 살 위인 형을 능가할 정도로 영리했다. 종희 얼굴 좀 씻겨라. 얼굴 쳐들고 내 뒤를 졸졸 따라다니며 나를 힘들게 했다. 종희 옷 좀 갈아입혀라. 입을 줄 알면서도 옷 쳐들고 나를 재촉한다.

지그재그로 도로를 뛰어 학교까지 달려간 덕에 초등학교 달리기대회에 대표로 출전한 종희는 지나친 운동으로 피로회복을 위해 오랫동안 쉬어야 했다. 아버진 종희 손잡고 학교에 데리고 다녔다.

지그재그로 달리고 싶어 안달 난 아이를 자제시키려 아버진 애썼다.

옆집에 피난 온 사람들

연립주택 오른쪽에 피난민이 이사 왔다. 임문환 장관 댁이다.

여자아이가 4명, 아들은 1명, 대가족이었다. 끊임없이 담장 틈새로 새어 나오는 여자아이들의 싸움 소리와 옆집 엄마의 고함 소리를 우린 재미있게 듣곤 했다. 이웃이 엄마에게 농림부장관 댁이라고 말했다.

장관이 국장보다 높구나, 나는 생각했다. 그 집 앞엔 새까만 세단 차가 항상 대기하고 있었기 때문이다. 그 차엔 아이들이 몰려들지 못했다. 차를 닦고 또 닦고 털고 털던 양복 입은 기사가 아이들 접근을 완전 통제했기 때문이다.

아이들이 쫓겨 달아나며 크게 소리 질렀다.

"서울내기 다마네기, 맛 좋은 고래고기."

기사 아저씨가 화가 나서 먼지떨이 채를 높이 쳐들고 따라갔다.

나는 옆집이 부러웠다. 딸들이 많아서도 아니다.

세단 차도 아니다. 크리스마스트리가 앞 마루에서 불을 밝히고, 온 식구가 다정스레 교회에 나가는 것을 보았을 때다. 비슷한 모양의 주먹 장갑을 자랑스럽게 끼고 있었다. 크리스마스 선물로 받은 모양이다.

네가 교회 다니는 것 말리지 않지만, 고집통이 너희 아버진 차라리 자신 주먹을 믿는단다. 엄마는 웃었지만 나는 슬펐다. 나는 두 분이 믿음 갖도록 해 주십사 빌고 또 빌었다. 침묵하시는 하느님. 옆집 사람들은 서울 수복과 함께 서울로 돌아가고 옆집은 조용해졌다. 서울 아이들은 하나씩 돌아가고 허전한 마음마저 든다.

식구가 늘어난 우리 집 두 동생은 분별력 있는 아이로 잘 커갔다. 채소밭 밟으면 안 된다, 멀리서 조용히 지켜보던 진수와 일부러 움칠움칠 채소밭 밟을까 말까 놀리던 종희. 그 특성대로 조용히, 영리하고 똑똑하게 아이들은 커갔다.

여전히 쓰리쿼터에 토목기구 싣고 다니며 쉬는 날도 마다하는 아버진 노가다로서의 삶을 만끽한다.

종희 태어난 이후 엄마의 건강이 좋지 않아 주치의

가 날마다 들락거리며 엄마 건강 보살펴준다. 위경련에 시달리는 엄말 위한 아버지 정성은 눈물겨웠다. 집에 있을 땐 엄마 옆을 잠시도 떠나지 않았다.

셋,

4·19 혁명과 학생들

학생회장의 호소

"흰 블라우스, 검정 치마, 모자를 써 주십시오…."

학생회장의 심각한 음성이 온 교정에 울려 퍼진다. 삼삼오오 교정의 풀밭에서 공부하며 놀던 학생들이 모두 보이지 않는다. 건물 안으로 들어가 버렸다. 학생회장의 호소는 무언가 급박한 사건이 일어날 것 같은 두려움을 자아내게 했다.

나는 까만 치마, 흰 블라우스, 모자를 깊숙이 눌러쓰고 도서관에 숨어들었다. 서울대학교 사회학과 남자 학생이 친구라는 친구의 목소리가 귀에 쟁쟁하다. 3·15 부정선거, 이승만 하야, 이기붕, 부총장 박마리아, 지프차 몰고 본관 앞으로 들어서던 이강석의 운명을 친구는 거침없이 이야기해 주었다. 나는 선거에 뜻이 없었다. 그들에게 무슨 일이 일어난들 관심이 없었다. 남자 친구 앞장서 나서다가 다치면 어쩌지, 울먹거리는 친구를 위로했다.

나의 외할아버지와 부정선거

부정선거라면 나의 외할아버지를 잊을 수 없다. 해방 후 안동 농림학교 교장이었다. 엄마는 외할아버지가 외골수라고 혀를 차곤 했다. 공산주의를 싫어하여 공산주의적 성향을 보이는 학생들을 빨갱이라고 모두 퇴학시켰다. 그 수가 제법 많았다고 엄마는 말한다. 부작용이 컸다 한다. 칼을 품고 다니는 학생들도 있었다. 위험을 느낀 외할아버지는 밤이면 안채 부엌 살강에서 잠을 잤다며 엄마가 웃었다. 급기야 교정에 자라고 있는 붉은 단풍나무를 모조리 베어버렸단다.

가을 뜰을 곱게 장식하는 단풍나무는 다섯 잎이 살랑거리며 붉은색이 고와서 나는 무척 좋아했다. 빨갛다고 교정에서 베어버린 외할아버지가 야속했다. 나무가 무슨 사상을 품고 있단 말인가. 외골수 뼈꼴이, 나는 외할아버지가 못마땅했다.

외할아버지는 평생을 야당인 민주당원으로 살았다. 선거가 끝나고 개표가 시작되기 전…. 커다란 박스에 양초와 성냥갑을 가득 담아 일찌감치 개표장에 나타난다. 곳곳에 양초와 성냥갑 배치하여 두었다가 전등이 나가거나 징조가 보이면 촛불을 켜서 실내를 대낮같이 밝혔다. 외할아버지가 있는 한 부정선거는 불가능했었다고, 안동 시내 외할아버지 두려워하지 않는 사람 없었다고 엄마는 말했다.

어지러운 시절, 자신의 이익보다 나라를 위한 한 사람이라도 있는 것이 믿음이 간다고, 같은 외골수 아버지는 외할아버지 무척 좋아하고 가까이했다고, 엄마는 두 뼈꼴이라고 웃는다.

외할아버지와 나

에피소드 하나.

만주서 나와 외가댁에 머물던 짧은 나날들. 나는 외롭고 쓸쓸했다. 이모들이 어려워 얼씬도 하지 않던 외할아버지 뜰은 언제나 깨끗하고 수풀이 우거져 나는 좋았다. 멋모르고 나는 안채 마당을 지나 사랑채 뜰에서 잘 놀았다. 외할아버지는 방문 조금 열고 내가 노는 양을 조용히 지켜봐 주었다. 외할아버지가 나를 불렀다.

"슈꾸짱."

분명히 슈꾸짱 했다. 외할아버지는 내 앞 치마폭에 붉은 과일을 많이 싸주었다. 나는 정중히 고맙다고 인사하고 안채로 뛰어 들어왔다. 안채 들어가는 길엔 큰 우물이 무서워 멀리 휘돌아 들어간다. 엄마와 이모가 놀랐다.

"누가 주디?"

"외할아버지!"

입에 넣고 꽉! 꽉! 소리 내어 물고 있던 큰이모가 다음에 사랑채 볼일 있음 숙이 보내자, 기쁜 웃음소리 내며 말했다. 나도 이모들처럼 신나게 불어보고 싶어도 입안을 맴돌 뿐 나의 입안 꽈리는 소리가 없다.

"백일홍, 접시꽃 피어있었지만, 꽈리 자라는 것 못 보았다."

엄마가 아쉬운 듯 웃는다. 즐거운 자매들. 나도 즐거웠다.

또 하나의 에피소드.

대구로 이사하고 외할아버지가 우리 집을 찾아왔다. 즐비하게 늘어선 똑같은 적산가옥, 콕 집어 우리 집 찾기 힘든 외할아버지가 골목길에서 놀고 있는 나를 발견하고 반가워했다.

"요년, 여기 있구나."

나는 앞장서 쪼르르 달려가며 엄마를 불렀다. 사오신 과자를 먹으며 즐거웠으나 요년이 무언지 알 수 없는 내가 엄마에게 물었다. 엄마가 많이 웃는다. 딸들이 많아 일일이 이름을 부르기 곤란했던 외할아버지, 큰이모는 이년, 엄마는 요년, 그리고 저년, 조년으로 불렀단다. 그래서 난 요년이 된 거였다.

창을 빼꼼 열고 노는 나를 훔쳐보시던 외할아버지, 외가댁 사랑채 앞뜰은 만주를 떠나 외로웠던 내 꿈의 고향이다.

내가 외할아버지가 그리울 때면 가끔 부르는 '빨간 꽈리'.

"빨간 꽈리 입에 물고

뽀드득뽀드득
동굴동굴 굴리다가
뽀드득뽀드득
꽃밭에다 물을 주자
뽀드득뽀드득

앞마당에서 꽈리를 불면
병아리들이 모여와서 듣는다.
병아리야, 너희들도
빨간 꽈리 불어보고 싶으냐."

멋쟁이 나의 외삼촌

외할아버지만큼 잊을 수 없는 권오연 외삼촌, 내가 만난 가장 멋쟁이 남자다. 법대를 졸업하고 카메라만 달랑 들고 육이오 때 종군기자였던 외삼촌이 사랑에 빠졌다. 이화여자대학교 졸업생으로 안동여중 가사 선생으로 안동에 내려와 있던 유화순 선생님께 마음을 빼앗겼다. 퇴근할 때 하숙집 앞에서 기다리며 온갖 정성 다 쏟아도 호락호락 넘어갈 선생님이 아니었다.

외삼촌은 마지막 결단을 내렸다. 온 집안의 반대를 무릅쓰고 국회의원으로 출마했다. 최연소자, 집안의 지원도 못 받고 야당 출신의 불리한 조건을 감안한 그 용기는 안동 시민들의 호의를 얻었으나 낙선의 고배를 마셨다. 몹시 안타까워하더라는 유 선생님, 하숙집 주인의 말을 듣고 용기백배한 나의 외삼촌 드디어 결혼에 골인한다. 귀한 집 딸 데려다가 고생시키면 어쩌나, 엄마가 말했다. 똑똑한 사람이니 걱정 없다, 아버지는 만족해했다.

나는 외삼촌보다 외숙모에게 더 정이 갔다. 외삼촌 하늘나라 가신 지금, 실버타운에 살고 있는 외숙모와 날마다 카톡도 치고 연락하며 산다. 구십오 세의 정정한 건강을 자랑하는 외숙모. 내 삶의 버팀목이 되어준다. 나는 기도한다. 오래오래 살아주세요. '오래오래'가 싫다는 외숙모 위해 '길이길이' 살아주세요, 기도한다.

4·19의 여파

3·15 부정선거와 4·19 혁명은 대통령 망명, 부통령 가족의 죽음으로 조용히 끝나지 않았다. 나는 친구 배영과 함께 시끄러운 시국이 물러가길 바라면서 기숙사, 교실, 도서관, 도서관 뒤편 인적 드문 숲속에서 시간을 보냈다. 교정엔 학생회장의 호소에 가까운 음성이 퍼져갔다.

영아가 부산 집으로 내려갔다. 금방 돌아오지 않는다. 혼자 다니는 나는 두려웠다. 영아는 부산 시장의 딸이다. 시장이 그만두었다는 소식이 들려왔다. 전화기를 잡은 손이 엄마의 심하게 떨리는 음성으로 덜덜 떨린다. 부산이 난리다. 배 시장 댁에 데모대가 몰려가 물건 다 실어 나르고 불을 질렀다. 우리 집엔 안 올까? 건설국장이 무슨 잘못 있다고 우리 집까지 오겠어요. 엄마, 아이들 밖에 못 나가게 하고 문이란 문은 꼭꼭 다 잠가 두세요.

영아가 돌아왔다. 우린 아무 말도 나누지 못했다. 며칠이 지난 후, 서울로 이사 왔어, 외교관으로 떠난 언니네가 맡긴 물건들도 건지지 못했다. 영아가 덤덤하게 말했다. 천재적 자질이 있는 영아 형제들. 바로 밑 동생은 학교에서도 이름난 천재 학생이었다. 영아는 장학금 받아 학업을 이어갔다.

오빠는 유학 준비로 분주했다. 하숙방은 버터 바른 식빵 내음이 배어있었다. 타국 음식에 미리 익숙해지겠다고…. 장학금, 생활비까지 넉넉히 제공해 주는 학교를 찾아 연락을 취했다. 너무 바쁜 나머지, 광화문 네거리를 마음대로 넘나들다가 신분증을 빼앗겼다. 반환해 주는 날 중요한 약속이 잡혀 내가 대신 가 주길 바랐다. 나는 쾌히 승낙했다. 길에 늘어진 줄. 여자는 한 명도 보이지 않고 전부 남자들이다. 다시는 오빠와의 약속 따윈 들어주지 않으리라, 고개 들지 못한 채 서 있었다.

오빠는 쌍발 프로펠러 비행기로 미국 유타주로 떠났다.
"자, 성공을 빌고 그만 잊자."
엄마 가슴에 큰 걱정 짐 덩이로 남은 오빠를 의식한 듯 아버지가 말했다.

넷,

나와
아버지

나와 아버지

"잘 봐 두게. 이 나라의 유명한 문필가가 될 내 딸이다."

바둑 두러 온 친구, 마작에 몰두한 친지들에게 차 심부름하는 나를 소개한다. 윤석중의 동요집 『초생달』을 내 손에 쥐어주던 어린 시절부터 내가 큰 문필가 되어주길 아버지는 소망했나 보다.

여고 2학년이던 어느 날 학교에서 돌아오는 나를 기다리던 아버지가 따라오라 했다. 교복 입은 채 따라나섰다. 부산 광복동 극장에 데리고 간다. 학생 입장 불가라 한사코 마다하는 나를 아버진 화면 앞에 앉힌다. 〈누구를 위하여 종은 울리나〉. 나는 안타까웠다. 누군가 내 등을 친다. 학생 이리 나와. 이 아이는 내 딸인데, 영화 끝나고 문 앞으로 데리고 가겠으니 거기서 기다리라고 아버지가 말했다.

기다리고 있던 훈육 주임 선생님께 학교 학년 이름을 적어주자, 아버지가 낮고 위엄있는 소리로 말했다. 선생님들도 교육 차원에서 어려운 줄 알지만, 난 감수

성 가장 예민한 때의 내 딸 교육할 의무가 있다고. 어리둥절 선생님이 떠나자 웃으며 아버지가 말했다. 전학이면 전학, 퇴학이면 퇴학, 숙아 걱정 마라. 나는 아버질 믿고 있었다.

가끔 학생들 소지품 점검하는 날이 있었다. 불량한 물건 혹여 가지고 있나 조사했다. 그날 아침 사 들고 간 문학잡지를 소지품 모두 놓고 운동장에 모여있는 사이 잃었다. 단지 쉬는 시간에만 읽으려 했는데…. 슬퍼하는 내게 아버지가 말했다. 또 사자. 에이, 분작 없는 것들….

나는 대학에 다니고, 대학원에 진학하여 문학에 뜻을 두고 열심을 다했다. 그러나 결혼하여 아이 셋 낳고 아버지가 바라셨던 문필가의 길에서 멀어져 가는 것 같았다. 그러던 중 1987년 마흔여덟 되는 해, 나는 수필가로서 정식 등단했다. 소식을 들은 아버진 즐거워하면서 말했다.

"숙아, 잘했다. 애썼구나."

부산시청 배 시장과 아버지

"배 시장이 무서워? 오 국장이 무서워?"

"그야 오 국장이 무섭지."

시 직원들이 말한다고 운전기사가 엄마에게 말해주었다. 맘에 안 들면 누구에게나 불뚝거리는 저 불뚝성질 어쩌누, 엄마가 말했다. 아버지 성품은 늘 엄마를 불안하게 했다.

어느 날 심각한 얼굴로 집에 돌아온 아버지가 사표 내고 왔다며 시무룩해졌다. 아직 어린아이들 학비는 어쩌려고, 엄마가 울상이 되었다.

다음 날 배 시장이 비서를 보내어 아버지의 출근을 재촉했다. 아버지는 묵묵부답 내다보지도 않는다. 엄마가 안절부절 아버지를 설득했으나 비서를 보내라는 답이 돌아올 뿐이다. 다음 날도 또 다음 날도 헛걸음이었다. 나흘째 되는 날 엄마의 간곡한 애원으로 아버지는 아무런 일도 없었다는 듯 지프차를 타고 출근했다.

애태웠던 배 시장이 부산시청 시장 자리에서 물러

났다. 아버지가 몹시 서운해했다 한다.

 정국은 어두웠다. 그러나 학생들은 다시 학교로 돌아왔다. 학구열 높은 아버지와 엄마 덕에 나는 진학하여 연구에 열중했다. 각 대학 도서관을 돌며 책을 찾아 읽고, 교수님을 찾아 귀한 말씀도 들었다. 앎의 기쁨이 어지러운 시국의 어려움을 잊게 했다.

아버지 국장 자리를 내어놓다

군 장성들이 정변을 일으켰다. 1961년 5월 16일 군사정변이 일어나고, 군정이 실시되었다. 군 장성들이 잡은 정권. 대혼란이 일어나 아버지는 건설국장 자리를 내어놓았다. 삽 들고 곡괭이로 파헤치던 아버지의 노가다 인생은 끝을 보았다.

 불도저식 군인들의 근성을 아버진 염려했다. 위험한데, 잘 해낼 거다, 애국정신이 투철하다면….

 기울어진 세월 따라 약해진 아버지의 기백. 집에 머무는 날이 많아지고 정원에서 시간을 보낸다. 여전히 삽이, 그리고 곡괭이가 아버지 옆을 맴돈다. 수돗가에 탐스럽게 핀 수국의 뿌리 위에 삽으로 흙을 돋우어주고, 정원을 빙 둘러 곡괭이로 흙을 파서 채송화를 심는다.

해가 어둑어둑 저무는 저녁나절, 아버진 거실의 난 잎을 깨끗이 닦아주었다. 닦을 때 입술을 내밀었다 오므렸다 특이한 아버지 표정은 재미있었다.

제라늄꽃 예뻐하시던 아버지께 냄새가 싫어요, 내가 반박했다. 꽃이 곱고 정열적이다, 한 번 피면 오래 간다, 여러 가지 색깔 꽃분 모아놓으면 몹시 화려하다. 제라늄꽃 박사가 된 아버지.

아버지 설계사무소 열다

수학 선생이 고개를 갸우뚱. 넌 기하는 아주 우수한 성적이나 대수는 형편없지 않으냐. 보통 기하를 더 어려워하는데.

아버지는 아버지의 설계 도구를 재미있게 갖고 노

는 나를 신기한듯 바라다보아 주었다.

"재미있느냐?"

"네."

아버지는 설계 도구를 이리저리 금을 긋고 짝 맞추며 정성스럽고 열성을 다하여 이야기해 주었다. 자, 어디 너도 해보아라. 틀리면 다시 내가 알아듣도록 이야기해 주었다. 통에 담겨있던 은빛 설계 도구는 장난감 아닌 기하 공부의 초석이 되어준 것이다.

기하 시간 선생님 설명은 아버지의 이야기와 맞물렸고 그 시간이 기다려졌다.

고등학교 3학년 모의고사를 끝내고 넓은 운동장에 학생들을 모아놓고, 영어는 누가 최고, 국어 현대는 누가 최고, 우리들의 학구열을 부추겼다. 어느 날 기하는 오희숙 최고…. 모두 날 바라본다. 담임 선생님이 내 머리를 툭 치고 지나간다.

아버지는 아주 우수하다는 추천을 받고 서울대 공대 졸업생 두 명 채용하고 사무실을 완벽하게 대비했다. 설계를 부탁하는 사람들이 늘어났다. 그러나 아버지는 어려움에 봉착했다. 건성으로 적당히 설계하려는 직원들 태도에 아버진 그냥 넘어가지 않았다. 모든 위탁물을 아버지가 직접 하게 된다. 집에 들고 온 설계 도구는 어릴 때 장난감으로 가지고 놀았던 설계 도구에 비해 훨씬 크고 많았다. 금 하나, 점 하나에 정성을 다해 그렸다. 아버지는 지치고, 아- 내가 또 노가 다 되는구나, 웃으며 엄마에게 말한다. 옛 같지 않은 아버지 기력, 서서히 설계사무소를 접을 준비를 한 아버지. 적당히라는 언어가 아버지에게 용납되지 않는 '뻐꼴이' 근성 때문이라고 엄마가 말했다.

3부

하나,

엄마의 건강

엄마의 건강 이상

큰 병원에서 종합검진 받아보는 게 좋겠다는 주치의 말에 서울 성모병원 민 박사를 찾아간 아버지는 크게 실망했다. 아웅산 묘역 테러 사건 때 전두환 주치의로 갔다가 목숨 잃은 민병석 박사는 신장질환의 권위자였다. 이것저것 검진 끝에 이젠 2년 남았습니다, 한다. 아버지가 대로했다. 의사라면 치료에 힘써야지, 아니 점쟁이냐.

엄마는 우리 집에 머물며 순천향병원에서 치료를 시작했다.

외할머니가 집에 머물자 멋모르는 세 아이는 좋아 어쩔 줄 모른다. 할머니 여기 아파? 등어리를 두드리기도 하고 손을 주물러 주기도 한다. 조용하던 우리 집이 시끌벅적해졌다. 외삼촌, 대구 이모, 대구 외삼촌과 외숙모들이 번차례로 찾아왔다. 의아해지는 아이들 표정에 걱정이 끼어들었다.

"엄마, 외할머니 많이 아파?"

"괜찮아, 곧 좋아지실 거야."

용하다는 한의사의 침을 자주 맞고 병원에서 살다 시피 하는 엄마가 심심한 날은 아이들과 놀았다. 놀이터에서 그네도 타고 아이들과 풀밭에 앉아 손 놀이하는 엄마는 평화로웠다. 엄마는 아이들에게 일본 노래에 맞추어 손 놀이를 가르쳐주었다. 지금은 일부만 기억하고 잊었다는 엄마의 손 놀이.

"아오야만
 돗데이 가라
 ----이노시모
 미네바네 미네마네"

 외할머니가 그리운 아이들이 조금 기억하는 엄마의 노래. 나는 그리워 가슴이 미어진다.
 엄만 점점 쇠약해졌다. 어느 날 새벽, 나는 가느다란 소리를 들었다. 선생님-. 선생님-. 사위가 서둘러 앰뷸런스를 불러 순천향병원에 엄마를 입원시켰다. 남편이 근무하는 병원이라 마음은 가벼웠지만, 손과 발이 떨려 걸음 떼기가 힘들어하는 나를 남편이 달래며 병원으로 엄마를 데리고 갔다. 할머니는? 할머니는? 아이들이 깨어 이방 저방 할머니를 찾는다. 다리에 힘이 쏙 빠져 주저앉는 나를 도우미 할머니가 부축해 준다. 전화 멀리 아버지 음성은 담담했다. 내가 가마. 아버지, 외삼촌 내외, 이모들 병원에 찾아왔다. 작은이모는 엄마 얼굴을 가슴에 안고 일어날 줄 몰랐다.

며칠 전 엄마는 나 목욕이 하고 싶구나, 했다. 정성을 다해 씻기는 내 가슴에 왠지 모르게 서늘한 바람이 스쳐 지난다. 나 탕수육 먹고 싶다. 엄마는 몇 점 먹지 못하고 아이들 차지가 되어버린 갑자기 별 먹지 않던 별미를 찾던 엄마가 무엇을 예견했을까. 나는 두려웠다.

크리스마스트리라도 만들어야죠. 도우미 할머니가 아이들과 함께 크리스마스트리에 불을 밝혔다. 아이들이 손뼉 치며 기뻐한다. 크리스마스, 그리고 주님의 탄신은 나와는 전혀 무관하기만 하다. 엄마가 가실지 모른다.

엄마 열두어 살 때 신장염을 앓고 안동성소병원에 몇 달 입원한 적이 있다고 한다. 깨끗이 다 나았다고 퇴원했지만, 외할머니는 계속 조심하세요, 외국인 수녀의 간곡한 말을 잊지 못했다고 큰이모가 말했다. 외할머니 떠나고 엄마의 신장병은 모두의 관심을 떠나버렸다. 가난한 시집살이, 일에만 몰두하는 아버지, 혹독했던 만주 삶, 끊임없이 엄마를 괴롭혔던 위경련, 엄마의 신장은 조금씩 건강을 잃어갔다.

 아이들 신학기가 시작하고, 초등학교 4학년, 2학년, 이제 유치원에 가게 된 아이들은 나의 손발을 묶는 듯했다. 엄마를 남편과 병원에 맡기고 가끔 도우미 할머니가 정성껏 만들어준 엄마 좋아하던 음식 들고 드나들었다. 엄마가 점점 기운을 잃어가고 있다. 링거를 꽂은 팔이 불편하다던 호소도 멎었다. 음식을 거의 끊어버린 엄마. 남편이 고개를 갸우뚱한다.
 드디어 아버지의 힘없는 전화가 걸려 왔다.
 "살아서 누워만 있기를 바랐는데, 김 서방 안 되겠나. 그만 부산으로 모시게."
 산소통에 의지한 엄마가 사위와 큰동생과 함께 탄 앰뷸런스에 실려 떠났다.

며칠은 사실 거야 하던 남편의 목소리는 차분했다. 부산 도착. 방에 누운 엄마는 눈으로만 방안을 둘러보더니 벽에 걸린 아버지 얼굴을 끝으로 눈을 감고 촛불이 꺼지듯 스스로 숨을 거두었다 한다. 시어머니가 오고, 아이들 맡아줄게, 다 당하는 일이니 너무 슬퍼 말고… 나를 안아준다. 3월 18일 사다 놓은 막내 아이 생일 카드도 잊은 채 경황없이 부산행 기차를 탔다. 사람 몸에 물도 어찌나 많은지 부산역 도착할 때까지 잠시도 쉬지 않고 끊임없이 흐르던 눈물. 수의를 갈아입고 병풍에 가려 곱게 누워있는 엄마는 산 사람 같다. 비로소 울음이 터지는 내 어깨를 잡고 아버지가 말했다. 숙아, 나중에…. 울음을 그친 내가 시장기를 느꼈다. 친지들이 아버지의 지시에 따라 손님 대접할 음식을 장만한 모양이다. 구수한 육개장 내음.

이제 엄마는 아버지 곁을 영원히 떠나버렸다. 장례를 마치고 경상북도 의성 아버지 고향 산소에 엄마는 묻혔다. 권춘영. 하필이면 기생 같은 이름을 지었냐고 가끔 엄만 외할아버지를 원망했는데 이젠 부를 사람도 응답해 줄 사람도 없다. 그 이름은 이 세상을 떴다.

새봄을 맞아 물오른 3월 정원은 조용하다. 연못 속에 심은 항아리에서 나와 물 위를 헤엄치는 금붕어 무리가 아름답다. 엄마가 떠나버렸건만 변함없는 세상이 나를 분노케 한다. 광풍에 천지개벽이라도 일어나야 할 세상이 조용하다. 목련이 흰 봉오리를 자랑하고 있다. 기자들이 사진 찍기를 원하던 탐스러운 목련 나무. 엄마는 얼마나 좋아했던가. 의리도 없는 목련아. 나는 가슴이 미어졌다.

장례식 마치고…

엄마는 경상북도 의성군 의성읍 용연리 산63번지 1호 선산에 묻혔다. 장례식에 흰옷 입은 상제 혼자인 내가 가여워 고모가 많이 울었다 한다. 너 여형제 하나 꼭 낳아주련다. 엄마 말이 새삼 생각난다.

아버진 모든 일 끝날 때까지 흐트러짐 없다. 주저앉아 우는 날 달래는 아버지 눈은 한결같이 태연하다.

아침상 거두고 사랑방에 들어선 아버지의 태도가 심상치 않다. 열린 문 꼭꼭 닫는다. 갑자기 아버지 울음소리가 들려왔다. 점점 커진다. 놀란 내가 문을 열어보려 했다. 잠겨있었다. 점점 커진 아버지의 울음소리가 온 집안을 삼킬 것 같다. 엄마는 살아생전 큰 울음소리를 억머구리같이 운다고 말하곤 했다. 아버진 억머구리같이 운다. 하늘 엄마에게도 들렸으리라. 아버진 그렇게 오래오래 길게 길게 울었다. 너희 엄마 고생 많이 했다. 아버진 엄마 삶 속에 이어진 모든 고생 하나하나 짚어가며 울었나 보다.

아버지의 갈라진 음성을 들었다.

"물 좀 다고."

두 대접 물을 마신 후 조용히 오래 사랑방에 머물러 있었다.

아버지의 개 스피츠가 아버지를 보더니 머리 위까지 뛰어올라 반가워 어쩔 줄 모른다. 아버지는 스피츠 목줄을 잡고 대문을 나선다. 아버지보다 앞서 달리는 스피츠. 전차 정류장 지나 운동장 앞에서 돌아오는 스피츠의 산책 시간이다. 국에 맛있게 만 밥을 정신없이 먹어 치운 스피츠가 나를 보자 무섭게 짖을 준비를 한다. 스피츠를 보면 아주머니와 나는 놀라 숨는다. 스피츠는 자신을 보기만 하면 놀라 도망가는 나를 싫어한다. 나도 싫다. 스피츠는 아버지의 개였다.

아버지는 조금씩 일상을 찾아가고 있는 듯했다. 연못을 살펴보고 정원을 휘둘러 본다. 아버지 가슴에 묻힌 엄마의 그림자를 하나씩 하나씩 떠나보내고 있는 걸까. 평온해진 아버지 눈빛이 나를 서운하게 한다. 엄마…… 나는 가슴으로 엄마를 불러본다.

둘,

아버지 미국행 결심하시다

엄마 생각

밤중에 잠이 깬 나의 귀에 도란도란 들려오던 아버지와 엄마의 다정한 목소리. 우리들의 교육 문제, 집안 대소가의 어려움, 조용히 듣다가 잠이 든다.

엄마는 새벽잠이 없다. 눈뜨면 들려오는 엄마의 잔소리. 일거일동 엄마 마음에 들지 않는 건 다 지적당한다. 숙아, 그만 일어나라. 이건 여기, 저건 저기 치우고, 동생들 세수 씻기고, 이불은 깨끗이 장에 넣고. 아버지가 마당을 쓸기 시작한다. 다음은 정원에 물주고, 스피츠 밥 주고. 오빤 책상에서 꿈쩍하지 않는다.

아침 식사 후 엄마의 잔소리가 잦아드는가 싶더니 느린 내 행동이 성에 차지 않는 엄마가 드디어 나를 나무라기 시작한다.

"넌 어찌 그리 굼뜨냐. 이 바보 등신 천치 축구야."

조용히 신문 보던 아버지 얼굴빛이 달라진다. 여간해서 입을 열지 않는 아버지가 큰소리로 엄마에게 말한다.

"가 좀 가만 놔둬라. 가 너보다 낫다."

엄마가 잔소리를 끝내고 조용해지는 어느 주일날 우리 집 풍경. 엄마가 부엌으로 사라진 후 아버지가 책을 들고 어디론가 숨어버릴 준비 하는 나를 부른다.

"숙아, 네가 옳다. 네 생각대로 살아라."

엄마의 잔소리는 내가 좀 애교스럽고, 재빠르고, 그리고 열성스럽기를 바라는 애정에서 비롯된 것임을 나는 알고 있었다. 행여 마음 상할까 내 편을 들어주던 아버지의 큰 사랑을 느끼며 나는 두 분 애정 속에서 잘 커나갔다.

어느 해던가, 명동거리에 산책 나온 남편과 함께 카바이드등을 켠 달구지를 끌고 가는 바나나 장수 할아버지 앞에 섰다. 주머니를 털어 세 아이에게 바나나를 먹이고 싶었다. 너무 비싸 살 엄두를 못 내던 바나나다. 세 개를 사드는 내 앞에 할아버지가 튼실한 바나나 한 개를 내민다.

"용심이라곤 없는 아주머니가 마음에 들어서…"

용심 없는 얼굴의 마누라 덕에 바나나 반 개를 얻어먹는 남편은 뛸 듯이 기뻐하고, 아이들은 '야~ 바나나다, 웬 떡' 하는 표정이다. 심심하면 이 바보, 등신, 천치, 축구야 나무라던 엄마의 깊은 정이 떠올랐다. 무심하기 짝이 없는 내 표정. 용심이 뭐야? 욕심이라는 뜻이지, 전라도 사투리야. 남편이 아는 척한다. 네가 옳다, 네 뜻대로 살아라. 아버지 다정한 음성이 들려온다.

아버지 미국행 결심하다

아침 일찌감치 대방동 이모부님이 찾아왔다. 아버지 상경을 귀신같이 알아챈 모양이다. 어린아이들처럼 장난치며 거실을 점령한 두 분. 점심 식사 후 이모부 돌아가시고 조용히 나를 부르는 아버지 표정이 굳어있다. 중대한 발표가 떨어질 모양이다.

"미국 네 오빠에게로 가야겠다."

다녀오겠다는 뜻으로 착각했다.

"노인 보험금도 나오고, 노인들 복지시설이 잘 되어있다니 네 오빠에게 가련다."

엄마 떠난 후 아버지의 어려움, 외로움은 짐작하고 있었으나, 나는 충격을 받고 주저앉았다.

"여기 오세요. 저희와 함께 살아요. 김 서방도 아이들도 모두 좋아할 거예요."

"네게 폐 끼치기 싫어 간다. 혹여 만주 가볼 기회가 생길지도 모르고…."

아버지는 사무소 정리도 끝내고 미국 이민 수속을 이미 밟고 있었다. 딸이 자신으로 인해 힘들어지지 않을까 저어한 아버지. 그냥 다 그대로 두고 가자. 해방되어 안정된 나라에서 금방 올 수 있으리라 믿은 만주 땅. 두 아들딸이 잠든 곳. 미국에서라면 가볼 수 있지 않을까. 보물을 담아 그대로 벽에 걸어둔 연둣빛 나의 대사게, 빨간 책가방. 갑자기 머리에 떠올라 그리움에 사무친다.

넌 어찌 그리 굼뜨냐. 엄마의 나무람이 귀에 걸려 나는 아버지의 미국행을 선뜻 받아들였다. 네, 아버지 편하실 대로 하셔요. 그러나 나는 뱃속에서부터 치밀어오르는 슬픔에 울었다. 너무 슬퍼 배가 아픈 경험은 처음이다.

날마다 정성을 다해 가꾸던 정원과 스피츠 아침 산책을 동생에게 맡긴다. 엄마의 산소 가까이 아카시아가 자라지 않도록 동생에게 당부한다. 뿌리가 깊은 식물이니 조심해라. 아버지는 여러 가지 고국을 떠날 준비를 끝낸다.

아버지와의 이별

작은 트렁크 하나 달랑 들고 아버지는 비행기에 올라 우리 곁을 떠났다. 만감이 교차하는 눈빛으로 아버지가 손을 들어, 또 오마, 한다. 그래요, 아버지, 저도 뵈러 갈게요. 비행기가 보이지 않을 때까지 우두커니 서 있는 난 조용히 떠오르는 클레멘타인 노래를 입속으로 불렀다.

"넓고 넓은 바닷가에
　오막살이 집 한 채
　고기 잡는 아버지와

철모르는 딸 있네.

내 사랑아 내 사랑아
나의 사랑 클레멘타인
늙은 아비 혼자 두고
영영 어디 갔느냐."

미국민요. 영원한 방랑객의 노래란다. 어린 시절 동무들과 모여 앉아 지렁지렁 부르던 클레멘타인. 자꾸자꾸 슬퍼진다.
"숙아, 네 생각이 옳다. 네 뜻대로 살아라."
어디선가 들려오는 당당한 아버지 음성.
"네, 아버지."
나는 먼 하늘가, 구름이 바람 따라 흐르는 곳을 바라보며 아버지를 찾았다.

셋,

오빠가 다정하게
들려주는
아버지의 미국 생활

아버지의 즐거운 미국 생활

이웃들이 삭막했던 오빠 집 마당에 물을 뿌리고 나무들의 제 색깔 찾아주는 이국 할아버지에게 관심 가지기 시작했다. 지나가며 오며 정원에 물 뿌리고 열심히 꽃을 돌보는 아버지와 '하이' 하고 서로 아는 체한다. 오빠 집 시애틀 쇼라인(Shore line)에 정착한 아버진 잊었던 노가다 생활을 다시 찾은 모양이다. 삽과 곡괭이 또 들었다. 성만이(오빠 아들) 친구들이 찾아오면 서툰 영어로 즐겁게 이야기하며 놀았다. 할아버지를 무척 재미있어하는 이국 아이들은 아버지 삶에 기쁜 활력소가 되었다. 아버지 삶에 의미를 찾게 했다.

조국에서의 몸에 밴 습관, 아침 산책을 시작했다. 집 근처를 답사하여 아버지에게 맞는 거리를, 산책하기에 마음에 드는 코스를 찾아냈다. 아침마다 꼭 그 시간에 아버지는 산책한다. 일정한 시간을 맞추어 산책하고 돌아온다. 아버지 산책길에 '성 루카 초등학교(St. Luke Elementary School)'가 내다보이는 길을 지난다. 한 소년이 우연히 그 시간에 지나가는 이국의 노인을

창에 서 있다가 보게 되었다. 그 시간에 하나둘 아이들이 모여들었다. 영락없이 그 시간에 지나는 할아버지. 아버지는 서서히 창가에 많아진 아이들에게 손을 높이 들어 '하이' 하고 소리친다. 아이들이 손 흔들며 큰 소리로 화답한다.

제시간에 영락없이 지나는 이국 할아버지에게 흥미를 느끼기 시작한 아이들이 편지를 써서 보냈다 한다. 그 편지가 아버지에게 전달되었는지, 그 편지를 아버지가 읽었는지 나는 모른다. 더 깊은 사연은 듣지 못했기 때문이다.

아침마다 정원을 가꾸고, 산책길에 초등학생들과 정을 나누고, 놀러 오는 성만이 친구들과 서툰 영어로 웃음을 전하며 아버지 미국 생활은 그렇게 다져졌다. 거침없이, 소신껏 외로움을 달래며 살아가는 아버지.

자신의 묘지를 답사하러
한국에 돌아오신 아버지

아버지가 오신다. 아이들이 더 기뻐한다. 3, 4층 빌라에 사는 우리 집. 4층, 마을이 내다보이는 큰 방 새 도배를 마쳤다. 밝은 빛 연녹색 벽지를 바르고 커튼도 새로 쳤다. 아버지가 좋아하도록 정성을 다해 방을 꾸몄다.

몇 년 만인가. 아버지가 고국을 방문하고 싶어 한다는 오빠 전갈을 받고 마음이 들뜬 나머지 나는 일이 손에 잡히지 않았다. 무슨 음식을 먹고 싶어 할까. 어디에 가보고 싶어 할까. 누구를 만나고 싶어 할까. 아버지 안 계신 그동안 이모부님 떠나고, 아이들 할아버지도 먼 곳으로 갔다. 얼마나 마음 아파하실까. 내 가슴에 슬픔이 고인다.

비행장에 나온 아이들 얼굴은 아버지를 만나는 기쁨에 들떠있다. 나는 감회에 휩싸이고…. 좀 여윈 듯했지만 아버진 기쁨이 넘치는 모습으로 두 손 흔들며 우리를 반가워한다. 4층 새로 꾸민 방으로 짐을 옮겨

가려는 아이들을 보고,

"3층엔 빈방이 없냐?"

거실 소파에 몸을 기댄 채 아버지가 말한다.

"엄마가 할아버지 오신다고 제일 큰방 멋지게 꾸며놓았어요. 뷰(view)도 넘 좋고요…."

영어까지 섞어 쓰며 아이들은 신이 났다. 난 역시 엄마 말마따나 멍청이요, 아둔한 아이였다. 아버지의 변화를 재빨리 알아차려야 했다. 새로 꾸민 방을 아버지가 좋아하고 고국을 떠날 때까지 그 방에서 편히 기거할 것만 바랐다.

"3층 작은 방 장롱 들여놓은 방 있잖아. 나 혼자 있기에 적당하다."

그 방을 기억하고 있다니, 내가 가끔 들어가 옷 챙기고 갈아입는 방이다.

"아버지, 이불 펴기도 마땅치 않은 방이에요."

4층 방에 오른 아버지는 뷰가 좋다는 창가에 잠깐 서보곤 오빠가 보낸 선물을 챙겨준다. 계속 소파에만 앉아 있다. 전혀 기쁜 기색이 없는 아버지 모습에 내 마음이 어지러워진다.

시댁 층계는 높고 가파르다. 순간 스치는 난처한 기색을 눈치챈 내가 아버질 부축하려 했다. 아버진 가볍게 물리친다.

시아버지 사진 앞에서 아버진 꽤 긴 시간 머물며 회포를 나눈다. 친숙한 사이는 아니었으나, 두 분은 사돈으로서의 착실한 예의를 나누며 살았다. 사진 앞에 봉투를 내어놓고 시어머니와 인사를 주고받으며 미국에 있을 때 이 세상 하직한 시아버지를 기린다. 시어머니 눈가에 잔잔한 미소와 함께 슬픔이 스친다.

내려오는 길 층계 앞에서 주춤 서는 아버지의 팔을 시아주버니가 붙들자, 고개 숙여 거절하는 아버지, 무언가 알아챌 만한데, 나는 역시 아둔한 아이였다.

"참 좋은 사람이었다. 가식이라곤 없으셨지."

아버지 말에 나는 웃음을 참지 못한다. 초콜릿을 좋아하시어 남편이 거의 날마다 사다 주는 초콜릿을 숨겨두고 몰래 먹던 시아버지. 혹여 손자들 눈에 띄어 못 먹게 될까 염려했다. 손자들에게라면 아낌없이 다 내어주던 아버지와 비교하니 내 웃음이 끊이지 않는다. 참 꾸밈없고 진솔한 분이었다. 아버지도 은근히

시아버지처럼 그러고 싶었을까? 아버지를 바라보며, 아끼고 싶고 주고 싶지 않은 마음 없었을까? 언제나처럼 아버지에게 가식은 보이지 않는다.

"네 시댁 방문 끝났고, 몇 군데 들를 곳 있다. 천천히 가보자."

다음 날부터 아버지 아는 친지들이 모여들었다. 평소에 가까이 지냈던 친구들을 만나 아버지 특유의 농담 섞인 반가움을 감추지 않는다. 미국은 노인들 살기 좋은 나라라며, 몇 년 배운 영어 실력이 본토박이 못지않다며… 그러나 우리에게 '하이', '바이' 밖에 모른다고 웃겼다.

'하이', '바이'만 알면 그저 다 알아듣는 것처럼 고개를 갸웃거리며 '으흥' 하고 있으면 자기들 알아채고 다 해준다, 미국 사람들 선한 사람은 대하기 아주 편하다 했다.

이모와 이모부들, 외삼촌과 외숙모들, 그 외 친지들이 다들 인사 오고 간 후, 아버지가 고국을 방문하게 된 큰 목적을 말했다.

"엄마 산소에 가보고 싶구나."

찻길에서 완만한 언덕길을 좀 오르면 엄마의 산소다. 병풍처럼 둘러싼 숲을 뒤로 하고 자그만 마을을 내다보고 있는 고요한 엄마의 산소. 엄마 산소 앞에 헌화한 아버지는 길게 다리 뻗고 미동도 하지 않은 채 오랫동안 앉아 있었다. 아버진 엄마와의 긴 삶을 더듬어 추억하고 있는 걸까.

갑자기 내가 웃었다. 놀란 듯 남편이 내 옆구리를 찌른다. 난 정말 우스웠다. 엄마는 잔소리가 잦다. 한 번 시작하면 질리도록 길다. 드디어 견디다 못한 아버지의 특효약이 엄마에게 날아간다.

"에이 똥 도둑년, 물에 뜬 똥 도둑년 같이 건들건들~ 잔소리도 많다!"

우리 모두 웃음이 터지고 기가 찬 엄마도 함께 웃는다. 아버진 그 특효약을 도대체 어디에서 찾아낸 걸까. 아직도 기억하고 있을까.

올케가 싸 온 도시락을 산소 옆에 모여 앉아 먹었다. 때를 훨씬 넘긴 후라 모두 맛있게 먹는다. 가정대학 출신 올케의 음식솜씨는 썩 좋았다.

아버지는 엄마 산소 바로 옆 잔디 위를 쓰다듬으며, "내가 묻힐 자리다" 한다.

내 눈시울이 뜨거워졌다. 가실 곳을 답사하러 온 아버지. 모든 것이 만족스러워진 아버지가 자리를 뜰 준비를 했다. 엄마 산소를 다시 쓰다듬어보고 휘둘러본 후 우리는 엄마 홀로 남기고 산소를 떴다. 비로소 내 눈물이 쏟아진다. 아버지마저 이 자리에 누우면 난 고아가 된다.

아버지 다시 고국을 떠나다

우리 집 4층 마다하고 3층 골방을 고집할 때부터 아버지의 건강에 이상이 생겼나 보다. 걱정되어 나는 병원에 가볼 것을 권유했지만, 아버진 끝내 거절한다. 시댁에 다녀왔을 때도, 산소에 들렀을 때도 아버지 기동은 온전하지 못했던 것 같다. 나이 들어 힘이 빠진 걸까. 육개장, 아욱국, 아버지 평소 좋아하던 음식도 식성이 변하지 않고 강건한 듯했다. 그러나 그 즐기던 아침 산책은 끊어버렸다.

병원에 모시고 가야 한다, 나의 주장은 번번이 아버지의 반대에 부딪히고 나는 주저앉는다.

아버지 미국으로 떠날 날짜가 서서히 다가오고 있었다. 달랑 트렁크 하나인 아버지의 짐. 나는 오빠네들 선물과 평소 아버지가 요긴하게 쓸 물건들을 챙겼다.

아버지를 태운 비행기가 하늘 높이 파아란 하늘을 가르며 날아간다. 어쩜 아버지를 다신 만날 수 없을지도 모른다는 예감이 내 가슴을 떨리게 한다.

(아버지, 안녕히 다녀오세요.)
(아버지, 안녕히 가세요.)

나는 말문을 닫았다. "안녕히 가세요." "안녕히 다녀오세요." 눈가를 적시는 눈물. 아무 말도 할 수 없었다. 비행기 사라져 버린 파란 하늘엔 바람이 지난다.

(아버지- 안녕. 안녕.)

가슴으로부터 솟구치는 슬픔을 삼키며 눈으로 인사한다.

아이들이 내 손을 끌며 엄마 집에 가자는 말에 꿈속에서 깨어나듯 정신을 차렸다. 사람들이 무슨 일이 있었냐는 듯 웅성거리고 있다. 또 한 대의 비행기가 뜨고 있었다. 바람을 가르고 날아간다.

나는 슬픔을 품고 집에 돌아왔다. 소파에 기대고 앉은 아버지 모습이, 아욱된장국을 맛있게 들던 아버지의 미소가 눈에 잡힌다. 숙아 잘 있거라 한마디 말도 남기지 않고 떠난 아버지 심정이 그림처럼 훤하다. 콩나물국 끓일까요, 도우미 할머니 말. 아니, 아욱된장국요. 아침에도 먹었는데요. 아버지 자리 빈 식탁에서 나는 아버지처럼 땀 닦으며 아욱된장국을 맛있게 맛있게 먹었다.

오빠에게서 온 아버지 소식

하루 밤낮을 곤히 잔 아버지가 걸음이 몹시 불편하다고 오빠에게 호소했다. 병원에선 며칠 후 다시 오라는 대수롭지 않은 진단이었다 한다. 아버지는 거의 걸음을 못 걷다시피 병원에 갔고 급기야 입원하게 되었다.

아차, 내 머리에 불빛처럼 스치는 아버지의 의지. 아버진 고국에서 편치 않다면 미국에 못 갈지도 모른다는 생각으로 고통을 참고 견딘 거였다. 오빠는 병명을 알려주진 않았지만 기울어진 세월 속에 아버지의 굳은 의지도 이겨내지 못한 육신의 고통, 낯선 이국 땅, 통하지 않는 언어, 그 외로움을 어찌 견디고 있을까. 면회도 어렵단다. 나는 급히 아버지에게 갈 준비를 했다. 오빠는 아직은 정정하시니 천천히 오란다.

평생 노가다로 산 아버지의 삶은 결국 팔다리에 큰 병이 들어 고통에 시달리나 보다. 진작 일이 잘되든 못 되든 간에 불도저로 밀어붙여 버리고, 눈앞에도 나무랄 사람 없는데. 어렵게도 살았다, 우리 아버지.

미국행 비행기표 예약하고 나는 큰 충격으로 정신

을 잃었다.

아버지의 외로운 죽음

나는 날마다 꿈꾸고 있는 것 같았다. 꿈인 듯 나는 아버지의 외로운 죽음을 듣는다. 다시 볼 수 없는 아버지. 꿈이 아니면 믿을 수 없는 오빠의 이야기다. 오빠는 꿈속인 듯 아버질 미국에 모시겠다고 단호하게 말한다. 꿈인가? 아이들을 위해 집 근처 아름다운 공원에 아버지의 영원한 집을 마련하겠단다. 아니다, 그건 아니다. 꿈속에서 깨어나 머리를 가로저었다. 엄마 옆에 잠자리라고 자신의 영원한 집을 아버진 살펴보고 떠났다. 오빠와 나는 조용히 다투었다. 결론을 내지 못한 내가 외삼촌에게 힘 되어줄 것을 요청했다. 오빠가 그곳에서 장례를 치르고 시신을 보내드리겠다 양보한다.

여러 가지로 아버지 맞을 준비를 하다가 나는 또 꿈에 부딪혔다. 병원에서 아버지 피부 기증을 원해 왔다는 오빠의 이야기. 나는 또 깨어난다. 안 돼. 아버지 몸에 조그마한 상처도 내면 안 돼. 오빠도 원하는 바였고 그 꿈은 간단히 해결되었다.

마호가니 관에 곱게 누운 아버지가 한국으로 돌아왔다. 잠자듯 특유의 굳은 입을 다물고 아버진 잠자듯 누워있다. 늘 입던 진회색 양복에 지팡이까지 든 아버지가 엄마 곁으로 간다. 내 마음이 편안해진 탓일까. 성모병원에서 치른 장례 내내 나의 마음은 기쁨으로 들떠있었다. 큰외숙모님 보다못해 한마디 한다. 넌 상주가 되어 슬픈 기색도 보이지 못하냐. 아차, 나는 놀랐다. 두 분이 함께한다는 기쁨을 감추고 지금은 슬퍼야 한다. 생각하니 슬픔이 치밀어올라 나는 구슬프게 울었다.

이제 두 분은 아버지의 고향 경상북도 의성군 의성읍 용연리 산63번지 1호에 누워있다. 산소를 병풍인 양 둘러싼 뒷산은 언제나 푸르고, 멀리 앞으로 내다보이는 경치 좋은 마을, 하늘은 언제나 맑고 푸르다. 구름도 바람도 조용히 마음을 가다듬고 지나간다.

못다 한 정 나누시고 영원히 행복하세요. 늘그막이 되어 두 분 다 믿게 된 하느님께서 무궁토록 지켜줄 것입니다.

"며칠 후 며칠 후
요단강 건너가 만나리."

엄마가 늘상 부르던 찬송가. 나도 엄마 따라 부른다.
엄마 아버지, 언젠가는 저도 갈게요. 복된 천국에서 만나요.

※

맺음말:
별빛 되어 나를 지키시는 아버지께 드리는 편지•

• 이대동창문인회 편, 『바람의 눈과 문: 2021 수필집』, 열린출판, 2021, 106-109쪽.

여름비답지 않게 처정처정 내리는 빗물이 나뭇잎에 모이고 풀밭으로 굴러떨어져 뜰을 적신다. 일상의 많은 시간, 버릇처럼 하늘과 나뭇잎과 풀밭을 내다보는 요즘이다. 기력의 쇠진함이 부쩍 느껴지면서 남아있을 내 시간의 활용을 위한 깊은 상념에 빠져본다.

남편이 내민 파란빛 이문회(이대동창문인회) 소식지가 반가움으로 내 마음을 자극한다. 또 글 쓸 수 있을까 자문의 음성.

소금, 황금보다 더 소중한 건 지금이라 한다. 나는 용기 내어 일어선다. 지금 — 살아온 긴 시간의 여정 속에 무수한 단막극이 되어 떠나간 지금의 소중함에 조용히 머리 숙인다.

잣송이 박힌 듯 총총한 밤하늘의 별들이 와르르 쏟아져 내리던 한여름 밤. 별 너머 저 멀리에 무엇이 있을까, 그 너머엔, 또 그 너머 너머엔. 실타래처럼 꼬리 물던 의문들. 많은 별 중 하나 되어 어쩌면 나를 지키고 계실 내 아버지 모습이 눈앞에 어른거린다. 아픈 마음으로 지켜보실 아버지. 잠시도 쉼 없이 딸 걱정에 마음 편할 틈 없었던 아버지께 긴 병으로 시달려도 행복의 복판에 서 있는 지금의 삶의 진실을 전하고 싶다.

마음 가득 찬 행복의 고백을 별빛 되어 날 지키시는 아버지께 편지 적어 보낸다.

아버지.

전 살아온 세월 그 어느 때보다 행복한 지금을 살고 있습니다. 아세요, 아버지? 사랑을 주는 마음에는 즐거움과 기쁨이 있습니다. 사랑을 받는 순간순간은 행복의 절정입니다.

바위 위에 올려놓아도 풀 뜯어 먹고 살 거다, 믿음직스러워하시던 아버지 사위. 이젠 나이 들어 힘에 부쳐도 몸 아낌없이 절 돌봐 줍니다. 혹여 무슨 일 생길세라 눈 떼지 못하는 배려. 코로나로 환자 보호자 투석실 금지령 내려져도 빈틈없이 절 챙겨주고 머물다 나갑니다. 당신 누구에게 맡겨. 내가 해야지.

아버지께서 그토록 사랑하시던 아이들은 엄마라면

껌뻑 넘어가 버립니다. 멀리 떨어져 살며 나름대로 바쁜 시간 틈틈이 쉴 새 없이 내 카톡을 찾아옵니다.

 엄니, 조심 다녀오세요.
 엄마, 괜찮아요? 아프지 않지요?
 엄마, 식사하셔야죠.
 엄니, 집에 오셨나요? 오늘은 음성 밝게 들리네요.
 엄마, 괜찮지? 식사 잘하셔야 해요.
 잡숫고 싶으신 것 택배로 보내 드려요?
 엄마, 아파? 아프지 마셔요.

 그들 모두 저의 행복의 산물이랍니다. 사위, 며느리도 틈틈이 제 카톡을 찾아들지요.
 개구쟁이 아버지 막내아들, 회갑이 넘어도 여전하답니다.
 누나, 투석 받기 죽을 맛이지? 때 되면 갈 거니 참으소.

저를 웃깁니다. 큰동생은 여전히 점잔을 부립니다.

누님, 장마가 시작하는군요. 건강 유의하시고, 행복하세요.

아버지~ 전 기쁨의 눈물과 함께 행복에 젖어 잘 살고 있습니다.

이름만 들어도 아실 저의 어린 시절 친구들 모두 나이 들어 조금씩 불편한 몸 이끌고 절 챙겨줍니다. 다 자란 후에 만난 친구들도 자주 저의 카톡 찾아옵니다, 잘 견뎌내어 88까지 살라고…. 저는 더 살란다, 웃습니다.

작은외숙모님 아시죠? 아흔다섯 노구를 자랑하며 제가 병원 갈 날이면, 조심히 다녀오너라, 간호사 선생들께 노고의 감사를 잊지 말아라. 불편을 마다하지 않고 저의 카톡 손님이 됩니다.

저를 돌봐 주는 투석실 간호사들, 아버지께 소개해 드리고 싶습니다. 일주일 중 사흘 가 있는 저의 제2의 삶의 터전이거든요. 투석실 팀장 선생. 재빠른 성격에 부지런하여 빈틈없이 투석실을 장악합니다. 전 가끔 그의 재빠른 동작에 감탄하며 좋아합니다. 정 주는 친구로 정을 나누고 싶은 재문 선생. 저의 넋두리 부드럽게 받아넘겨 마음을 안정시켜 줍니다. 이름이 선화라 공주가 된 선화 선생. 제가 어마마마 하겠다며 던지는 싱거운 말장난 함께 나눌 수 있는 즐거움을 제게 선사해 줍니다. 언제나 씩씩하고 너그러운 가브리엘라 선생. 가톨릭 신자라 믿음을 나누게 합니다. 목소리와 얼굴이 예뻐 '비우티(beauty)'로 이름한 미란 선생. 덕분에 투석실 분위기는 명랑하게 웃음이 넘칩니다. 엄마처럼 언니처럼 환자들에게 푸근히 다가가는 유미 선생. 전주 이씨 이유미임을 강조합니다. 오랫동안 유의하지 않은 해주 오씨가 얼른 머리에 떠오르지 않았던 저는 몹시 부끄러웠지요. 전 이제 해주 오씨 오희숙임을 유미 선생 덕에 자랑합니다. 아버지 딸 해주 오씨의 자손임을 자랑해야죠.

　아버지. 제 건강 일생을 두고 책임져 줄 의사 사위 보시고 안심하시던 아버지 생각이 나요. 유미 선생도 제 건강 자기 일처럼 챙겨줍니다. 이처럼 저는 행복의

가운데서 잘살고 있으니 안심하셔요.

아버지.

전 이제 마지막 숨 쉴 순간을 위하여 발돋움하여 멀리 달빛처럼 희미한 그곳을 바라봅니다. 아름다운 꽃길로 누군가가 저를 인도해 주길 외람되게 헤아려 봅니다. 발돋움한 채 내려다본 셀 수 없이 많은 시간의 흐름, 이제는 추억으로 제 마음에 남은 긴 삶의 모습이 내려다보입니다. 한 점 후회 없는 삶이었음을 자부합니다.

다행이죠, 아버지.

아버지께서 곡괭이로 땅을 다듬으며 노가다 삶을 놓지 않으셨듯 전 제 마음 밭을 곡괭이로 다듬으며 살아왔습니다. 때로는 서럽고 분노에 사로잡혀도 마음속 곡괭이 놓아본 적 없습니다.

아버지.

숨 쉬고 있는 오늘과 이 시간과 지금의 소중함이 제 가슴을 마구 뛰게 합니다.

발돋움한 채 내려다본 이 세상. 전 모든 걸 내려놓습니다. 마음의 곡괭이도 내려놓습니다. 빈 마음으로 내려다본 넓디넓은 세상을 위하여 남은 시간들, 내가 할 일이라곤 없습니다. 사랑을 주고 앞날의 평안을 기도하는 것만 남아있군요.

아버지. 그것도 욕심일까요.

세상 모든 것에 감탄하는
지혜로운 사람들의 공간
호밀밭

아버지, 나의 아버지

ⓒ 2025, 오희숙

초판 1쇄	2025년 06월 25일
지은이	오희숙
펴낸이	장현정
편집	정동규
디자인	정동규, 김희연
마케팅	최문섭, 김명신
경영지원	김태희
종이	세종페이퍼
인쇄제작	영신사
펴낸곳	호밀밭
등록	2008년 11월 12일(제338-2008-6호)
주소	부산광역시 수영구 연수로 357번길 17-8
전화	051-751-8001
팩스	0505-510-4675
홈페이지	homilbooks.com
전자우편	homilbooks@naver.com
ISBN	979-11-6826-163-1(03810)

※ 이 책 내용의 전부 또는 일부를 재사용하려면 반드시 저작권자와 출판사의 동의를 받아야 합니다.
※ 가격은 뒤표지에 표시되어 있습니다.